CYMRY WRTH EU GWAITH

Diolch i
Sioned Jones, Penrhosgarnedd
ac i Menna Gwyn
am eu cymorth parod.

Argraffiad cyntaf: Chwefror 1997

⏥ Y Lolfa Cyf. 1997

Comisiynwyd y gyfres hon gan Gyngor Llyfrau Cymru. Dymuna'r cyhoeddwyr gydnabod cymorth adrannau'r Cyngor.

Cynllun y clawr: Elgan Davies

Rhif Llyfr Rhyngwladol: 0 86243 393 2

Argraffwyd a chyhoeddwyd yng Nghymru gan Y Lolfa Cyf., Talybont, Ceredigion SY24 5HE,
ffôn (01970) 832 304
ffacs 832 782
e-bost ylolfa@netwales.co.uk
y we www.ylolfa.wales.com

Hwylio 'Mlaen

CYMRY WRTH EU GWAITH

Elin Meek

Golygydd: Glenys M. Roberts

CYNNWYS

Y CAPTEN HAYDN LEWIS – PEILOT HOFRENYDDION

GEIRFA

hofrennydd, (hofrenyddion)	helicopter(s)
cludo	to carry
Undeb Amaethwyr Cymru	Farmers' Union of Wales
chwistrellu cnydau	crop spraying
sylweddoli	to realise
dychwelyd	to return
difaru	to regret
parhau â	to continue with
er mawr syndod	surprisingly
cyngor	advice
ymdrin â	to deal with
agwedd	aspect
gan gynnwys	including
egwyddorion	principles

Mae Haydn Lewis yn byw ar y fferm lle cafodd ei fagu yn Llanwnnen, ger Llanybydder, Ceredigion. Ond mae'n teithio i Ynysoedd Shetland ar gyfer ei waith yn hedfan i gwmni hofrenyddion British International. Mae'n cludo dynion sy'n gweithio ar rigiau olew Shell ym Môr y Gogledd.

Ond sut aeth bachgen o Lanwnnen i hedfan hofrenyddion? Ar ôl gadael yr ysgol, aeth Haydn adref i ffermio a buodd hefyd yn gweithio i Undeb Amaethwyr Cymru am gyfnod. Doedd e ddim yn fodlon, ond doedd e ddim yn gwybod yn union beth roedd e am ei wneud chwaith. Penderfynodd adael i chwilio am rywbeth arall.

"Es i America am dair wythnos i gael newid byd. Mae ewythr i mi, Dai Morris, yn byw yno ac mae cwmni chwistrellu cnydau gyda fe. Bues i'n gyrru lorri iddo fe, ond weithiau os oedd hofrennydd yn segur, roedd bachgen oedd yn gweithio i Dai yn mynd â fi lan am drip. Sylweddolais mai dyna beth ro'n i am ei wneud – hedfan hofrenyddion."

Ar ôl dychwelyd i Gymru, buodd Haydn yn holi am gyrsiau hedfan a chyn bo hir roedd wedi dechrau ar gwrs naw mis yn Reading.

"Doedd dim llawer o hyder gyda fi o gwbl ar y dechrau. Ond ro'n i eisiau rhoi cynnig arni fel 'mod i ddim yn difaru ymhen blynyddoedd. Roedd deg ohonon ni ar y cwrs, ac roedd llawer o'r bechgyn yn hyderus iawn – yn llawn siarad mawr fel tasen nhw'n beilotiaid yn barod! Roedd arholiadau bob chwe wythnos ac roedd rhaid llwyddo er mwyn parhau â'r cwrs. Er mawr syndod, fi gafodd y marciau uchaf yn yr arholiad cyntaf, a methodd rhai o'r 'peilotiaid' eraill. Ro'n i wedi cael cyngor i weithio tair i bedair awr bob nos gan ffrind oedd wedi gwneud y cwrs, felly dyna wnes i. Dim ond pump o'r deg lwyddodd yn y pen draw, a finnau'n un ohonyn nhw!"

Roedd y cwrs yn ymdrin â phob agwedd ar hedfan hofrenyddion, gan gynnwys cynllunio taith; plotio ar fap; cod Morse; y gyfraith; radio; meteoroleg; deall injan hofrennydd a'r system drydan. Er bod peiriannau'n gwneud llawer o waith dros y peilot, mae'n rhaid deall yr egwyddorion er mwyn cael y drwydded hedfan. Yn ôl Haydn, meteoroleg yw'r pwnc mae'n ei ddefnyddio fwyaf bob dydd yn ei waith.

Ar ôl cael ei drwydded sylfaenol, roedd rhaid hyfforddi eto gyda British International yn Aberdeen er mwyn gallu cario pobl. Ond dydy'r holl arholiadau ddim ar ben – bob chwe mis rhaid i Haydn lwyddo mewn arholiad a phrawf meddygol er mwyn parhau i hedfan.

Mae patrwm gwaith Haydn yn

Y Capten Haydn Lewis wrth lyw ei hofrennydd

wahanol i'r arfer:

"Dw i'n gweithio am un diwrnod ar ddeg ac yna gartref am ddeng niwrnod. Bydda i fel arfer yn teithio i Crewe yn y car, dal y trên dros nos i Aberdeen ac yna'n hedfan oddi yno i 'ngwaith yn y bore."

Bydd yn gwneud dwy daith yn ôl a blaen i'r rigiau olew mewn diwrnod. Bydd hyd y daith, yn dibynnu ar y gwynt, tua dwy awr a hanner. Mae hyn yn cynnwys amser i ddadlwytho'r dynion a'u bagiau a rhoi mwy o danwydd yn yr hofrennydd. Fel arfer rhaid mynd i sawl rig – hyd at chwech – ar y tro. Er bod seddau i 32 yn yr hofrennydd, dim ond 19 a gludir gan fod rhaid cyflogi stiward os oes mwy na hynny. Cludir offer a rhannau sbâr yn lle mwy o bobl.

"Bydd dau beilot ar bob hofrennydd – bydd un ohonon ni'n hedfan i'r rig a'r llall yn hedfan 'nôl i Shetland. Bydd hi'n nosi'n gynnar yn y gaeaf – tua thri o'r gloch y prynhawn, ond o fis Mawrth i fis Hydref, fyddwn ni ddim yn hedfan yn y tywyllwch am fod y dydd mor hir. Mae hedfan yn y tywyllwch am y tro cyntaf yn yr hydref yn anodd – does dim gorwel i'ch helpu ac os yw hi'n noson dywyll fel bola buwch, dim ond goleuadau'r rig yn dawnsio ar y tonnau sydd i'w gweld."

Yn y gaeaf, mae gwynt yn broblem fawr i'r peilotiaid. Fyddan nhw ddim yn hedfan o gwbl os yw'r tonnau dros saith metr o uchder neu os yw'r gwynt yn chwythu dros saith deg milltir yr awr. Ond cyn y ddamwain hofrennydd fuodd ar Cormorant Alpha yn 1992, roedden nhw'n hedfan ym mhob tywydd. Os byddan nhw'n methu hedfan un diwrnod, bydd cymaint ddwywaith y gwaith drannoeth, gan fod rhaid symud y dynion, doed a ddelo.

"Os yw hi'n arw, mae perygl i'r hofrennydd gael ei gario gan y gwynt. Erbyn i ni gyrraedd y rig, byddwn ni wedi llosgi ryw hanner tunnell o danwydd a'r hofrennydd yn ysgafnach. Felly rhaid cadw'r dynion i mewn ar ôl glanio a gollwng a

GEIRFA

sylfaenol	basic
prawf meddygol	medical test
dadlwytho	to unload
tanwydd	fuel
a gludir	which are carried
cyflogi	to employ
gorwel	horizon
fel bola buwch	pitch black
i'w gweld	to be seen
metr	metre
cymaint	twice as much,
ddwywaith	twice as many
drannoeth	the next day
doed a ddelo	whatever happens
yn arw	rough
erbyn i ni gyrraedd y rig	by the time we reach the rig
ysgafnach	lighter
glanio	to land
gollwng	to release

llwytho dau ar y tro, yn hytrach na gadael pawb allan ar unwaith. Hefyd, byddwn bob amser yn cario digon o danwydd i fynd â ni at dir, rhag ofn i ni ffaelu glanio."

Yn yr haf, y niwl yw'r broblem fwyaf. Er bod y peilotiaid yn cael gwybodaeth am y tywydd bob tair awr, gall y niwl ddisgyn unrhyw bryd.

"Gall hi fod yn dywydd braf a'r awyr yn las uwchben. Yna bydd niwl yn codi o Shetland am rai cannoedd o droedfeddi fel ein bod ni'n ffaelu glanio. Os byddwn yn gwybod am hyn ymlaen llaw, byddwn wedi cario digon o danwydd i fynd â ni i Orkney, ond weithiau bydd y niwl yn dod i lawr fel blanced ac yn cyrraedd yno o'n blaen ni. Rydyn ni wedi crafu'n ôl yn aml drwy'r niwl!"

Ar ôl gweithio am bum neu chwe diwrnod ar Shetland, bydd Haydn yn cael diwrnod o egwyl a chyfle i ymlacio. Daeth i adnabod y pentrefwyr pan ddechreuodd weithio yno wrth aros yn y gwesty lleol am ddeunaw mis yn hytrach nag aros yng ngwesty'r cwmni.

"Mae'r gymuned yn croesawu'r diwydiant olew – mae cyfoeth wedi dod ohono. Er enghraifft, mae canolfannau chwaraeon a phyllau nofio gan bentrefi bach, bach fel Llanwnnen! Mae'r maes awyr rydyn ni'n hedfan ohono'n eiddo i'r cyngor lleol, ac mae'n debyg eu bod nhw'n cael rhyw ddeg punt am bob dyn sy'n glanio yno, felly maen nhw'n cael cannoedd o bunnoedd o incwm bob dydd. Heb y diwydiant fasai dim gwaith yno – mae dwsinau yn cael eu cyflogi yn adeilad y maes awyr i ofalu am ddiogelwch a symud bagiau. Er bod pawb yn fy adnabod yn iawn, faswn i ddim yn cael hedfan taswn i ddim yn dangos fy ngherdyn adnabod!"

Serch hynny, does dim llawer o Shetland yn gweithio ar y rigiau olew – dynion o'r Alban, gogledd-ddwyrain Lloegr a de Cymru yw'r rhan fwyaf. Weithiau bydd Haydn yn cael cyfle i ddod i adnabod y dynion mae'n eu cludo yn ôl ac ymlaen o'u gwaith.

"Os yw hi'n amhosibl gadael Shetland ar awyren o achos y niwl, mae'n rhaid i ni ddal y fferi i Aberdeen – taith o bedair awr ar ddeg. Bryd hynny, bydd amser i sgwrsio gyda'r bechgyn a chael ychydig o hwyl. Fel arfer, maen nhw'n gweithio am bythefnos ac yna gartref am bythefnos. Mae hyd at bum cant ohonyn nhw'n gweithio ar bob rig – ryw dri deg o filoedd i gyd – ond mae'r cwmnïau'n ceisio torri ar y nifer drwy gael peiriannau awtomatig i wneud peth o'r gwaith."

Er y bydd llai o ddynion ar y rigiau yn y dyfodol, mae maes olew arall newydd gael ei ddarganfod i'r gorllewin o Shetland, felly bydd digon o waith i beilotiaid fel Haydn!

DIWRNOD YNG NGYRFA
EUROS RHYS EVANS – CERDDOR

Does dim llawer iawn o bobl yng Nghymru sy'n ennill eu bara menyn fel cerddorion proffesiynol, ond mae Euros Rhys yn un o'r rhai lwcus. Mae cerddoriaeth wedi bod yn rhan bwysig o'i fywyd erioed:

"Glöwr oedd fy nhad-cu, ac roedd yn canu'r fiola a'r *cello* mewn pedwarawd llinynnol. Roedd Mam yn gantores dda, a ches i fy magu mewn ardal wledig – Login ger Hendy-gwyn ar Daf – lle roedd traddodiad cerddorol cryf. Gweinidog oedd fy nhad, ac roedd llawer o weithgareddau cerddorol yn digwydd yn y capel a chorau lleol. A dweud y gwir, dw i ddim yn cofio adeg pan nad oedd cerddoriaeth yn rhan o'm bywyd."

Mae Euros wedi cyfansoddi cerddoriaeth i ffilmiau, rhaglenni teledu a radio. Perfformiwyd sawl sioe gerdd o'i waith, gan gynnwys sioeau i Gwmni Theatr Ieuenctid yr Urdd a sioe gerdd Eisteddfod yr Urdd, Bro'r Preseli. Dechreuodd ei ddiddordeb mewn cyfansoddi'n gynnar iawn:

"Dechreuais ganu'r piano pan o'n i tua pedair oed – Mam oedd fy athrawes gyntaf. Do'n i ddim yn hoffi darllen cerddoriaeth, ond roedd clust dda gyda fi, felly ro'n i'n mwynhau 'potshan' a chreu cerddoriaeth yn lle ei darllen. Pan o'n i'n ddeg oed, cyfansoddais dôn i'r emyn 'Dod ar fy mhen' gan Eifion Wyn. Canon ni'r emyn yn yr ysgol ac mewn cymanfa ganu leol, a chyn hir daeth yn boblogaidd."

Ar ôl gadael yr ysgol, dewisodd Euros astudio cerddoriaeth yng Ngholeg Prifysgol Gogledd Cymru, Bangor, achos bod pwyslais ar gyfansoddi yno. Hefyd, roedd cyn-ddisgybl o ysgol Hendy-gwyn yn Athro Cerddoriaeth yno – y diweddar William Mathias.

"Roedd pawb yn yr ysgol yn gwybod am William Mathias achos taw fe gyfansoddodd gân yr ysgol. Dw i'n falch iawn fy mod i wedi mynd i Fangor. Er bod y cwrs ddim yn ymarferol iawn – er enghraifft, doedd dim arholiad canu'r piano – roedd hi'n bosib arbenigo ar gyfansoddi, ac ro'n i wrth fy modd yn gwneud hynny."

Erbyn heddiw, does dim angen i gyfansoddwr ysgrifennu cerddoriaeth ar bapur *manuscript*, achos mae cyfrifiadur yn gwneud y gwaith hwnnw drosto. Mae gan Euros lawer o offer yn y tŷ i'w helpu:

"Dw i'n cyfansoddi ar y *synth* ac mae nodau'r gerddoriaeth yn ymddangos yn syth ar sgrin y cyfrifiadur. Mae'n hawdd newid pethau os oes angen, mor wahanol i'r hen ffordd o ysgrifennu oedd yn gwastraffu cymaint o amser."

Mae geiriau neu luniau yn gallu helpu cyfansoddwr i gael syniadau cerddorol. Er bod Euros yn gwneud peth gwaith cyfansoddi cerddoriaeth i eiriau, mae'n gwneud mwy o waith ffilm a theledu. Bydd e'n gwylio fideo o'r darnau lle mae angen cerddoriaeth ac yna'n cyfansoddi yn ôl y galw.

"Mae nifer y cerddorion sy'n cael eu defnyddio yn dibynnu ar yr arian sydd ar gael i ochr gerddorol y ffilm neu'r rhaglen deledu. Dw i'n gorfod torri'r got yn ôl y brethyn – os nad oes llawer o arian, bydda i'n canu'r *synth* ac yn recordio'r gerddoriaeth fy hun gyda pheiriant *multi-track*. Felly, y *synth* sy'n creu sŵn y gwahanol offerynnau. Ond mae'n well gallu cyflogi *ensemble* a recordio cerddorion yn canu offerynnau go iawn – dyna'r peth delfrydol, os oes digon o gyllid."

Ers rhai blynyddoedd, mae Euros yn arholi ffolios cyfansoddi TGAU a'r arholiad ymarferol. Ond yn ddiweddar, mae wedi dechrau arholi i'r Royal Schools ac yn teithio i drefi gwahanol yng Nghymru a Lloegr i wrando ar gerddorion ifanc.

"Mae pob arholwr yn dilyn cwrs anodd iawn cyn cael dechrau arholi. Mae'r Royal Schools yn rhoi hyfforddiant manwl fel ein bod ni'n gallu arholi pob offeryn cerdd. Ond

Euros Rhys Evans

mae'r pwyslais ar safon y perfformiad, yn hytrach na'r gwendidau technegol. Ar y cyfan, mae'n amlwg os ydy cerddor yn haeddu 'rhagoriaeth' am ei berfformiad."

Ar ôl arholi am dair blynedd, mae arholwyr yn cael cyfle i deithio dramor gan fod y Bwrdd yn arholi mewn 60 o wledydd, ond mae rhaid gweithio yno am ryw ddeg wythnos.

"Achos bod cymaint o waith arall gyda fi, a theulu ifanc hefyd, mae'n amhosibl i mi fynd am gyfnod mor hir. Ond dw i'n nabod un arholwr fuodd yn Malta am fis yn ddiweddar – byddai rhywbeth felly'n wych."

Er bod arholiadau'n cael eu cynnal trwy gyfrwng y Saesneg fel arfer, buodd Euros yn arholi trwy gyfrwng y Gymraeg yn ddiweddar:

"Roeddwn i'n arholi yn Y Rhyl ac roedd rhai yn medru'r Gymraeg, felly ysgrifennais ran o'r adroddiadau yn Gymraeg. Roedd y Royal Schools yn barod i dderbyn hyn, felly mae'n gam ymlaen."

Mae un fantais fawr os dych chi'n gweithio ar eich liwt eich hun – mae rhyddid gyda chi i weithio pryd dych chi eisiau. I Euros Rhys, oedd yn arfer bod yn athro, mae'n braf peidio â gorfod gadael y tŷ'n gynnar bob dydd! Buodd e'n dysgu yn Ysgol Gyfun Llanhari am ddeng mlynedd ac erbyn y diwedd roedd yn Bennaeth yr Adran Gerddoriaeth.

"Dw i'n cofio pan ddechreuais weithio yn Llanhari – roedd deugain o ddisgyblion yn sefyll Lefel 'O', a'r Cyd-bwyllgor Addysg yn meddwl bod camsyniad! Roedd llawer o bobl frwdfrydig iawn yno – gan gynnwys Rhiannon Rees, sy'n cyfarwyddo 'Pobol y Cwm' erbyn hyn. Roedden ni'n eithaf blaengar – yn cyfansoddi sioeau ein hunain ac yn cynnal cyngherddau ffurfiol hefyd – er enghraifft, *Messiah* gan Handel, *Requiem* gan Fauré a *Nelson Mass* gan Haydn."

Roedd Euros yn mwynhau dysgu, a'r gwaith allgyrsiol yn fwy na dim. Er ei fod yn gweld eisiau'r cysylltiad â'r plant, mae'n dal i ddysgu pump o ddisgyblion i ganu'r piano.

"Gallwn fod yn dysgu canu'r piano'n llawn amser – mae llawer o alw am athrawon, yn enwedig yn Gymraeg. Ond gan fod cymaint o heyrn yn y tân gyda fi, byddai hi'n amhosibl dysgu mwy o ddisgyblion yn rheolaidd."

Mae llawer o newidiadau wedi digwydd yn ddiweddar i'r cwricwlwm cerddoriaeth, ac mae Euros yn credu eu bod nhw er gwell.

"Mae'r arholiad TGAU yn llawer mwy ymarferol na'r hen Lefel 'O'. Roedd modd pasio Lefel 'O' heb lawer o ddawn gerddorol, ond erbyn hyn mae rhaid cyfansoddi, perfformio ac astudio gweithiau o gyfnod eang i basio TGAU."

GEIRFA

yn hytrach na	rather than
gwendidau technegol	technical weaknesses
rhagoriaeth	distinction
ar eich liwt eich hun	free-lance
deugain	forty
sefyll (arholiad)	to sit (an examination)
Cyd-bwyllgor Addysg (Cymru)	(Welsh) Joint Education Committee
camsyniad	mistake
brwdfrydig	enthusiastic
blaengar	progressive
allgyrsiol	extra-curricular
gweld eisiau	to miss (to see the need)
cymaint o heyrn yn y tân	so many irons in the fire
er gwell	for the better
roedd modd	it was possible
dawn	gift, talent
cyfnod eang	a wide period

Er bod newidiadau er gwell, mae rhai newidiadau er gwaeth:

"Yn y gorffennol, roedd gwersi offerynnol am ddim, ond mae hyn yn diflannu, gwaetha'r modd. Mae llai o drefnyddion cerdd, felly does neb i ddadlau dros achos cerddoriaeth. Mae mwy a mwy o ysgolion a rhieni'n gorfod talu am wasanaeth athro cerdd, felly mae 'na berygl y bydd plant o deuluoedd difreintiedig yn dioddef oherwydd hyn."

Yn aml ar benwythnosau, bydd Euros yn cyfeilio i Dafydd Iwan ac i'w frawd Tecwyn Ifan, sy'n ganwr poblogaidd. Mae wedi cael cyfle i deithio i Lundain, Ffrainc, Efrog Newydd a New Orleans, lle cafodd "wledd o jazz"! Mae e wrth ei fodd yn chwarae gyda band. Dydy hyn ddim yn brofiad newydd i Euros, gan iddo ddechrau perfformio yn ysgol Hendy-gwyn gyda'r grwpiau "Perlau Taf" a "Beca". Ar ôl canu gyntaf mewn gwasanaeth ar ddydd Gŵyl Ddewi, daeth gwahoddiadau yn fuan i ganu mewn cyngherddau ledled Cymru. Ar un cyfnod, roedden nhw'n perfformio dair gwaith yr wythnos ac yn teithio llawer.

"Mae atgofion melys gyda fi o'r cyfnod hwnnw. Dim ond tair ar ddeg oed oeddwn i, ond cawson ni gyfle i rannu llwyfan â mawrion fel Ryan a Ronnie, Dafydd Iwan a Margaret Williams. Ar y dechrau, roeddwn i'n canu fel *boy soprano*, ond wedyn fi oedd yn trefnu'r cefndir offerynnol ac yn chwarae'r piano/organ. Bryd hynny, y ffasiwn yng Nghymru oedd cyfieithu caneuon Saesneg, fel 'There Goes My Everything' a 'Love me Tender'.

Mae un tro trwstan yn aros yng nghof Euros:

''Roedden ni wedi penderfynu torri ein record gyntaf gyda chwmni Teldisc yn ystod gaeaf 1969. Roedd rhaid i ni gyrraedd Neuadd y Mond yng Nghlydach erbyn naw y bore a recordio pum cân mewn diwrnod. Wrth gwrs, doedd yr heolydd ddim cystal â heddiw, felly roedd rhaid codi am chwech. Cawson ni sioc pan welson ni eira mawr. Roedd yr heolydd o gwmpas Login yn gul a serth, ond rywfodd, llwyddon ni i gyrraedd Clydach yn saff!"

Mae'n amlwg fod Euros Rhys yn brysur dros ben a dydy e ddim yn difaru gadael dysgu a mentro ar ei liwt ei hun.

"Weithiau, mae gormod o waith achos 'mod i'n methu dweud 'Na'! Dw i'n ceisio peidio â bod yn or-ddibynnol ar un math o waith. Y nod ydy cadw opsiynau ar agor ac arbrofi – fel gwnes i gyda'r radio. Weithiau mae 'na gyfnodau ansicr, ond mae'n braf cael amrywiaeth."

Sut mae Euros yn hamddena? Nid trwy wrando ar gerddoriaeth! Mae wrth ei fodd yn teithio ac mae'n hoffi meddwl ei fod yn cadw'n heini drwy nofio a garddio!

DIWRNOD YNG NGYRFA
DR DEWI EVANS – MEDDYG YMGYNGHOROL

Dr Dewi Evans yw Cyfarwyddwr Clinigol Adran Babanod a Phlant Ysbyty Singleton, lle mae'n Ymgynghorydd Meddygaeth Plant. Mae'r Adran yn rhoi gwasanaeth i dde-orllewin Cymru ac mae Dewi'n adnabyddus fel arbenigwr blaenllaw yn ei faes.

Bydd Dewi Evans yn teithio o'i gartref yng Nghwm Tawe i Ysbyty Singleton, Abertawe. Yn gynnar yn y bore, rhaid galw yn yr uned gofal dwys i weld y babanod sydd yno.

"Mae'r gwasanaeth i fabanod gofal dwys wedi gwella'n fawr iawn. Ers i mi ddechrau arbenigo yn y maes, mae pethau wedi datblygu. Doedd dim llawer o obaith i fabanod a oedd yn cael eu geni'n gynnar ryw bymtheg mlynedd yn ôl, ond mae'r sefyllfa'n wahanol erbyn hyn."

Dewi sydd hefyd yn gyfrifol am unrhyw blant sâl yn yr ysbyty, a bydd yn mynd o gwmpas i'w gweld. Mae llawer o ddatblygiadau er gwell wedi digwydd yma hefyd.

"Mae iechyd plant wedi gwella ar y cyfan. Mae cyffuriau da wedi cael eu datblygu i helpu asthma ac epilepsi ac wrth gwrs mae'r holl wrthfiotigau modern yn gwella llawer afiechyd. Er mwyn atal afiechyd, caiff mwy o blant eu brechu yn erbyn y pas, diphtheria, polio, *tetanus*, y frech goch, *rubella*, y dwymyn doben ac, yn ddiweddar, yn erbyn *haemophilus*, afiechyd sy'n achosi llid yr ymennydd, a'r crŵp.

Ond mae datblygiadau er gwaeth hefyd. Bydd Dewi Evans yn aml yn gorfod rhoi tystiolaeth arbenigol mewn achosion cam-drin plant, ac mae'n poeni bod cynnydd mewn achosion o gam-drin plant yn emosiynol, yn gorfforol ac yn rhywiol. Mae tlodi'n cael effaith ddrwg ar iechyd plant hefyd. Mae mwy o blant nag erioed yn byw mewn tlodi a chwarter plant Cymru'n byw mewn teuluoedd sy'n dibynnu'n llwyr ar y wladwriaeth. Yn ôl Dewi, mae agwedd rhieni wedi newid hefyd.

"Dw i wedi sylwi bod rhai rhieni heddiw'n poeni gormod am iechyd eu plant. Mae plant yn cael eu danfon at y meddyg am y peth lleiaf – mae nifer o rieni'n byw mewn môr o ofid a heb fwynhau'r plant fel dylen nhw."

Sut daeth Dewi Evans i fod yn feddyg plant? Ffermio ger Rhydargaeau, ar gyrion tref Caerfyrddin roedd ei deulu. Ond unwaith iddo fe lwyddo yn arholiad

GEIRFA	
cyfarwyddwr	director
ymgynghorydd meddygaeth plant	consultant in child medicine (paediatrics)
arbenigwr	specialist
blaenllaw	prominent
maes	field
uned gofal dwys	intensive care unit
er gwell	for the better
gwrthfiotig(au)	antibiotic(s)
afiechyd	illness, disease
brechu	to innoculate
y pas	whooping cough
llid yr ymennydd	meningitis
tystiolaeth	evidence
cam-drin	to abuse
gwladwriaeth	state
agwedd	attitude
môr o ofid	a sea of distress
ar gyrion	on the outskirts

GEIRFA

tybio	to assume
cer wrth dy ddysg	get yourself educated
hollti	to split
gwerin	ordinary people
ymddiddori	to take an interest in
cefndir amaethyddol	agricultural background
bywydeg	biology
dyma fi'n ysgrifennu	I wrote
ers tro	for some time
ymgartrefu	to settle down
addfwyn	gentle
dywediad(au)	saying(s)
trin	to treat
arbenigo	to specialise
cofrestrydd	registrar
ôl-radd	post-graduate
tyfiant	growth
clefyd melys	diabetes

yr 11+, roedd pawb yn tybio na fasai fe'n ffermio fel ei dad.

"Os oes rhywbeth yn dy ben di, cer wrth dy ddysg – dyna beth roedd pobl yn ei ddweud. Does dim un o'r bechgyn fferm basiodd yr 11+ yr un pryd â mi wedi mynd 'nôl i ffermio – roedd yr hen arholiad yn hollti'r werin yn llwyr."

Ymddiddorai mewn gwyddoniaeth yn yr ysgol. Gwelodd ef yn bwnc oedd yn agor llygaid person i bob cwestiwn. Oherwydd ei gefndir amaethyddol, doedd bywydeg ddim yn broblem a safodd arholiadau Lefel "A" yn gynnar, yn un ar bymtheg oed.

"Do'n i ddim wedi trefnu dim ymlaen llaw, felly, pan welais ar ddiwedd Awst fod y graddau'n ddigon da i fynd i'r Ysgol Feddygol, dyma fi'n ysgrifennu i Gaerdydd i ofyn a oedd lle ar ôl. Roedd cefnder i 'nhad yn feddyg yn Llandysul, ac roedd y proffesiwn wedi apelio ata i ers tro."

Felly, yn ddwy ar bymtheg oed, roedd y bachgen o Rydargaeau yn y brifddinas.

"Ymgartrefais yn syth yng Nghaerdydd. A dweud y gwir, roeddwn i'n lwcus bod dim

arholiadau ar ddiwedd y flwyddyn gyntaf achos ro'n i mas bob nos yn rhywle!"

Ar ôl graddio yn 1971, buodd yn gwneud swyddi amrywiol mewn ysbytai, nes iddo ddod o dan ddylanwad Dr Ritchie Jenkins, ymgynghorydd plant Ysbyty Treforus.

"Roedd Ritchie Jenkins yn ysbrydoliaeth i genhedlaeth o feddygon o ran ei agwedd at blant. Roedd yn athro da ac yn addfwyn iawn. Dw i'n dal i gofio ei ddywediadau – 'Cofiwch wrando ar y fam – mae hi bob amser yn gwybod,' a 'Rhaid trin y plentyn i gyd, nid dim ond yr afiechyd'."

Penderfynodd Dewi arbenigo mewn iechyd plant ac o fewn deunaw mis roedd yn gofrestrydd yn Ysbyty Plant Alder Hey yn Lerpwl. Ar ôl cwblhau arholiadau ôl-radd MRCP, buodd yn ddarlithydd yn yr adran meddygaeth plant yng Nghaerdydd, lle datblygodd ei ddiddordeb mewn gofal dwys i fabanod. Cyn symud i Ysbyty Singleton, buodd yn ymgynghorydd yn Ysbyty Treforus am bymtheg mlynedd, yn ymddiddori'n arbennig mewn problemau tyfiant plant, asthma a'r clefyd melys.

Nid yn yr ysbyty'n unig bydd Dewi

Evans yn gweithio. Mae'n gwneud chwarter ei waith clinigol mewn clinigau allanol mewn ardaloedd fel Cwm Aman, Llanelli ac Ystradgynlais.

"Mae llawer o'r rhieni sy'n dod â'u plant i'r clinigau hyn yn ifanc a thlawd. Cyn sefydlu'r clinigau, roedd rhaid iddyn nhw deithio i'r ysbytai mawr. Mae'n llawer gwell 'mod i'n mynd allan i'w gweld nhw yn y

Dr Dewi Evans

gymuned. Mae'n llawer mwy effeithiol."

Yn y dyfodol, mae'n rhag-weld y bydd mwy o'r gofal yn y gymuned mewn clinigau allanol. Mae'n credu hefyd mai dim ond plant sâl iawn fydd yn aros dros nos yn adrannau plant yr ysbytai, felly, fydd dim angen cymaint o adrannau plant mewn ysbytai yn y dyfodol. Basai Dewi hefyd yn hoffi gweld mwy o gydweithio rhwng y gwasanaeth iechyd a gwasanaethau cymdeithasol y cyngor sir i helpu plant sydd â phroblemau tymor-hir.

Fel Cyfarwyddwr Clinigol yr Adran Babanod a Phlant, bydd rhaid ymdopi â llawer o waith gweinyddol bob dydd. Mae'r ad-drefnu diweddar yn y gwasanaeth iechyd wedi effeithio arno'n fawr.

"Dyma'r ad-drefnu mwya' gweinyddol sydd wedi bod erioed, ac mae'r gwaith gweinyddol wedi cynyddu. Dw i'n ofni y gall y gwasanaeth iechyd gael ei breifateiddio yn y dyfodol a bydd byd busnes yn gwneud gwaith yr ymddiriedolaethau. Does dim rheswm arall dros greu'r ymddiriedolaethau, hyd y gwela i. Efallai mai Trusthouse Forte fydd yn

GEIRFA

arholwr	examiner
terfynol	final
llafar	oral
archwiliad	examination
profiad	experience
dyfalbarhad	perseverance
gormod o ddifrif	too seriously
ymwneud yn bersonol	to become personally involved
pwnc ymarferol	practical subject
ystyried	to consider
galwedigaeth	vocation
bywoliaeth	a living
etholaeth	constituency

rhedeg yr ysbyty yma ymhen rhai blynyddoedd."

Dyw Dewi Evans ddim wedi colli cysylltiad â'r Ysgol Feddygol yng Nghaerdydd gan ei fod yn arholwr yn arholiad terfynol y myfyrwyr. Arholiad llafar yw e, lle mae rhaid i'r myfyrwyr edrych ar achosion arbennig, gwneud archwiliad a chyflwyno ffeithiau er mwyn darganfod beth sy'n bod ar y plentyn. Mae nifer o fyfyrwyr o Gaerdydd yn dod i'r adran bob tymor i gael profiad ym myd meddygaeth plant.

Beth sy'n gwneud meddyg da, yn ôl Dewi?

"Mae'r oriau'n hir i feddyg ifanc, felly rhaid peidio bod ag ofn gwaith. Mae angen cof da a dyfalbarhad. Gan fod meddyg yn gweld cymaint o bethau difrifol, rhaid i feddyg beidio cymryd ei hun ormod o ddifrif, neu fydd e ddim yn para mis yn y gwaith. Rhaid bod yn barod i gerdded i ffwrdd a pheidio ymwneud yn bersonol ag achosion."

Mae'n gweld gyrfa feddygol yn basbort i'r holl fyd – mae'n bosib gweithio mewn unrhyw wlad. Hefyd mae cymaint o ddewis i feddyg, gall e neu hi fod yn feddyg yn y gymuned, arbenigo mewn pwnc ymarferol neu wneud gwaith ymchwil, er enghraifft.

"Ddylai neb ystyried mynd yn feddyg os ydyn nhw eisiau gwneud arian mawr. Mae'r incwm yn dda, ond yn isel o'i gymharu ag incwm meddygon mewn gwledydd eraill. Mae meddygon yn fwy ariangar y tu allan i wledydd Prydain, ond yma, oherwydd y Gwasanaeth Iechyd, galwedigaeth sy'n rhoi gwasanaeth yw meddygaeth, yn hytrach na busnes i ennill bywoliaeth. Mae hyn yn sicr o newid gydag agweddau gwleidyddol presennol."

Ar ôl ei ddiwrnod gwaith, fydd Dewi Evans ddim yn ymlacio. Mae ganddo ddiddordeb mawr mewn gwleidyddiaeth. Mae'n gynghorydd cymuned yng Nghilybebyll, Cwm Tawe, ac yn gadeirydd Plaid Cymru, Etholaeth Castell Nedd.

MAIR LEWIS – PRIF *CHEF*

Cafodd Mair Lewis ei geni a'i magu ar fferm uwchben Llanfairfechan, rhwng Bangor a Chonwy. Mae'r teulu'n magu defaid ar y Carneddau, rhai o fynyddoedd uchaf Cymru, ac mae Mair ei hun wedi dringo'n uchel i fod yn brif *chef* un o westai gorau Cymru, Bodysgallen Hall, Llandudno. Yn wahanol i lawer o *chefs* eraill, mae hi'n hoffi coginio yn ei horiau hamdden hyd yn oed:

"Wela i ddim bai ar y *chefs* sy'n cael rhywun arall i goginio drostyn nhw gartref. Ond dw i'n mwynhau coginio – mae'r teulu'n gorfod treio pethau newydd bron bob wythnos ac maen nhw'n rhoi llawer o gymorth i mi."

Dechreuodd Mair ymddiddori mewn bwyd pan oedd yn ei harddegau. Fel llawer o ferched ifanc, roedd hi eisiau gofalu am ei phwysau ac roedd hi'n paratoi prydau bwyd maethlon iddi hi ei hun. Cafodd ei swydd gyntaf gyda phobydd lleol, Humphrey Speirs, lle roedd hi'n pobi bara, gwneud cacennau a'u haddurno. Dysgodd lawer a chafodd sawl hen rysáit teuluol ganddo. Wedyn, aeth i Goleg Addysg Bellach Llandrillo. Hi oedd

Myfyriwr y Flwyddyn ddwywaith, a phasiodd bob cwrs gydag anrhydedd. Dim syndod, felly, pan gafodd swydd yng ngwesty

Mair Lewis yn y gegin yn mwynhau pryd o fwyd o'i gwaith ei hun yng ngwesty Bodysgallen Hall

Bodysgallen Hall fel *chef* o dan hyfforddiant, yn gyfrifol am y llysiau.

"Un prynhawn Sadwrn cefais fedydd tân – dim ond am gyfnod byr ro'n i wedi bod yn gweithio yn y gwesty. Roedd parti priodas o ryw hanner cant o bobl wedi bwcio am

ddau y prynhawn, ar ddiwedd shifft amser cinio. Ar ôl egwyl fer, des i 'nôl i'r gegin a sylweddoli bod y lle'n wag, ond am fachgen oedd yn helpu. 'Ble mae pawb?' gofynnais. 'Dyna'r *chef* yn mynd i lawr y lôn,' oedd ei ateb. Mae'n debyg mai dyma'r unig dro iddo fy nghlywed yn rhegi'n dawel. Felly, roedd rhaid i mi baratoi'r cyfan ar fy mhen fy hun – dw i'n dal i grynu wrth feddwl am y peth. Hyd heddiw, dw i ddim yn

GEIRFA

bwydlen	menu
gweini	to serve
offer	equipment
trefnus	organized
gwestai (gwesteion)	guest(s)
saig (seigiau)	dish(es)
chwaeth	taste
sylfaen	basis, foundation
arddangos	to exhibit
cynrychioli	to represent

meddwl bod neb yn gwybod mai dim ond fi oedd yn y gegin!"

Ar ôl tair blynedd yn unig, Mair oedd Prif *Chef* Bodysgallen Hall. Erbyn hyn, mae hi'n gyfrifol am bob bwydlen a phob pryd bwyd sy'n cael ei weini yn y gwesty. Yn ogystal, rhaid iddi gyflogi staff, paratoi rota gwaith a gwyliau iddyn nhw a phrynu offer i'r gegin. Ond beth sy'n gwneud *chef* da, yn ei barn hi?

"Rhaid i chi fod yn drefnus er mwyn medru paratoi pob dim. Mae amseru'n bwysig iawn yn ogystal – does dim gwahaniaeth os dych chi'n cadw'r teulu'n aros am ugain munud nes bod popeth yn barod, ond mae gwesteion sy'n talu'n disgwyl cael eu bwyd ar amser. Wrth gwrs, rhaid cael gwybodaeth dechnegol a llygaid artistig er mwyn datblygu seigiau newydd os ydy chwaeth pobl yn newid. Mae rhai *chefs* yn canolbwyntio ar goginio nifer fach o seigiau yn berffaith, felly dydyn nhw ddim yn medru ymateb i newidiadau. Does dim pwrpas meddwl am fod yn *chef* os dych chi ddim yn medru cydweithio ag eraill. Mae'r oriau'n hir a phob penwythnos yn brysur dros ben, felly rhaid i bob *chef* weithio'n galed – dyna sylfaen popeth!"

Gweithiodd Mair ei hun yn galed dros ben ers deuddeng mlynedd, ac felly mae'n gobeithio cymryd cyfnod sabothol cyn hir. Basai pawb eisiau egwyl ar ôl gweithio 12-14 awr y dydd, a hynny bum neu chwe diwrnod yr wythnos! Hoffai Mair gyhoeddi llyfr o ryseitiau Cymraeg; mae hi wedi cyhoeddi ryseitiau mewn nifer o bapurau a chylchgronau'n barod. Yn ogystal, mae'n bwriadu datblygu ei gwaith yn arddangos coginio. Eisoes, mae hi wedi bod ar y radio a'r teledu, ac mae hi wedi teithio ledled Cymru a Phrydain yn arddangos. Ond cafodd un o'r profiadau mwyaf diddorol pan oedd draw yn Efrog Newydd, yn cynrychioli Bwrdd Croeso Cymru yng nghinio Gŵyl Ddewi Cymdeithas Gymraeg Efrog Newydd:

"Tra o'n i yno, ro'n i fod i goginio i'r James Beard Foundation yn Greenwich Village – Egon Ronay America ydy James Beard. Ro'n i wedi penderfynu gwneud Hufen Iâ Bara Brith i bwdin, a'i baratoi yng nghegin *restaurant* enwog yn Efrog Newydd. Yn anffodus, roedd y peiriant gwneud hufen iâ wedi torri, ond dywedodd *chef* y Park Avenue Café y gallwn ddefnyddio ei beiriant e. Gwisgais hen gôt ac i ffwrdd â dau ohonon

Mair Lewis yn y gegin yn paratoi pwdin i'r gwesteion

ni i'r bloc nesaf yn cario drwm pum galwyn o gwstard hufen iâ. Cerddon ni'n syth drwy'r brif fynedfa, ac yno'n ein hwynebu ni roedd perchennog y lle mewn siwt oedd wedi costio tua mil o ddoleri ($1,000), a'r tu ôl iddo fe, tua chant o bobl Efrog Newydd yn bwyta cinio dydd Sul am ddau gan doler ($200) y pen. Nid mewn *café* ro'n ni, ond yn un o'r *restaurants* gorau yn Efrog Newydd. Ceisiais ddiflannu y tu ôl i blanhigyn mawr, peth anodd os dych chi'n cario bwced o hufen iâ! Yna daeth y perchennog aton ni a'n harwain yn foneddigaidd ond yn bendant i'r gegin. Profiad bythgofiadwy!"

Basai gweithio dramor yn gyffrous, ond dydy Mair ddim eisiau treulio cyfnodau hir o Gymru, felly Cymru amdani. Yn ei horiau hamdden, mae wrth ei bodd yn cerdded mynyddoedd gogledd Cymru a bydd yn rhedeg bron bob bore hefyd. Mae'n darlithio'n rhan-amser yn y Coleg Technegol lleol ar gwrs arlwyaeth:

"Mae llawer o'r bobl ifanc ar y cwrs oherwydd nad oes dewis arall ganddyn nhw. Yn aml iawn bydd nifer wedi bod yn golchi llestri neu'n gweini mewn caffis neu leoedd bwyta byrgyrs

am arian bach iawn, felly mae'n anodd gwneud iddyn nhw sylweddoli ei bod hi'n bosib datblygu gyrfa go iawn mewn arlwyaeth. Fel arfer bydda i'n mynd â phobl ifanc fel hyn i westy Bodysgallen Hall i ddangos beth y gallen nhw anelu ato."

Eisoes, cafodd Mair ei synnu gan y gwaith gwych gwnaeth rhai myfyrwyr ar ôl iddyn nhw sylweddoli bod pobl yn fodlon talu'n ddrud am fwyd da.

Ers i Mair ddechrau ar ei gyrfa, mae llawer o newidiadau wedi bod yn y byd coginio. Mae chwaeth pobl wedi newid, ac mae pobl yn fwy anturus a pharod i fwyta bwyd tramor. Yn raddol, aeth *"nouvelle cuisine"* allan o ffasiwn, ac mae bwydydd plaen wedi'u coginio'n dda yn boblogaidd, er enghraifft, pwdin bara menyn. Bydd Mair yn defnyddio llawer o fwydydd Cymreig wrth ei gwaith gan fod hynny'n boblogaidd iawn gan y gwesteion. Ond beth mae Mair ei hun yn mwynhau ei fwyta?

"Fy hoff fwyd yw *ravioli* corgimwch gyda *vinaigrette* cnau Ffrengig – dewis braidd yn ddrud! Ond does dim byd yn well na phwdin reis cartref wedi'i wneud o laeth buwch; pwdin reis â chroen tywyll ar ôl bod yn y popty am sbel!"

GEIRFA

cynhwysion	ingredients
toes	pastry
siwgr mân	caster sugar
llenwad	filling
gorweithio	to mix too much
iro	to grease
crasu	to bake

RYSÁIT GAN MAIR LEWIS

TARTEN LEMON GYNNES
(i 6-8 o bobl)
Dyma darten flasus iawn i'w gweini gyda chwstard ffres, hufen neu hufen iâ. Bydd angen cylch fflan tua 7" neu 8" o led a thua 2" o ddyfnder.

Cynhwysion
Y toes melys:
50g (2 owns) o siwgr mân
1½ wy
125g (5 owns) o fenyn wedi'i dorri'n weddol fân ac wedi'i feddalu ychydig
200g (8 owns) o flawd plaen

Y llenwad lemon:
8 wy
Sudd 4 lemon
Croen 2 lemon wedi'i gratio'n fân
275g (10 owns) o siwgr mân
275g (10 owns) o hufen dwbl

Dull:
i) Y toes melys
Curwch y siwgr a'r wyau nes bod y cymysgedd yn ysgafn.
Ychwanegwch y menyn yn raddol.
Yn araf iawn, ychwanegwch y blawd.
Peidiwch â'i orweithio.

Gwnewch belen o'r past, ei rhoi mewn *cling film* a'i gosod yn yr oergell. (Gallwch wneud y toes ychydig ddyddiau ymlaen llaw os dymunwch.)

ii) I wneud y darten
Gwresogwch y popty ar 200°C/ 400°F/Nwy 7.
Irwch y cylch fflan.
Rholiwch y toes i leinio'r cylch a gosodwch y cylch i sefyll yn yr oergell am tua awr.
Craswch yn wag yn y popty am tua 10 munud nes i'r past droi'n frown golau.
Rhowch o'r naill du i oeri ychydig.

iii) I wneud y llenwad lemon
Curwch yr wyau a'r siwgr yn ysgafn.
Ychwanegwch sudd a chroen y lemon a chymysgwch yn dda.
Ychwanegwch yr hufen a chymysgwch yn dda unwaith eto.
Arllwyswch y cymysgedd i'r cylch toes.
Rhowch yn y popty ar 150°C/350°F/ Nwy 5 am tua 45 munud. Dylai'r cyfan fod yn frown golau.
Gadewch i'r darten oeri ychydig cyn symud y cylch flan.

EIFION PRITCHARD – DIRPRWY BRIF GWNSTABL HEDDLU DYFED POWYS

Yn ddiweddar, derbyniodd Eifion Pritchard Fedal Heddlu'r Frenhines am wasanaeth anrhydeddus.

Yng Nghaerfyrddin mae Eifion Pritchard yn gweithio erbyn hyn, ond mae'n hanu o bentref Ysbyty Ifan yn Nyffryn Conwy. Mab y mans yw e, ond doedd e ddim am ddilyn ei dad i'r weinidogaeth ar ôl gadael Ysgol Ramadeg y Rhyl.

"Roedd cefndir morwrol yn y teulu, ac roedd gen i ewythr yn gapten llong. Felly, roeddwn yn cael fy nenu gan y môr. Enillais ysgoloriaeth i fynd ar yr HMS Conway, ysgol hyfforddi'r llynges fasnachol, a threuliais ddwy flynedd yn hyfforddi ar y Fenai cyn mynd i'r môr fel cadét."

Buodd e'n gweithio fel trydydd swyddog ar y Cunard Line am bum mlynedd, ond oherwydd amgylchiadau teuluol,

Eifion Pritchard

penderfynodd adael y môr a chwilio am yrfa newydd.

"Roeddwn i'n chwilio am waith lle roedd disgyblaeth debyg i'r llynges ac felly roedd gyrfa gyda'r heddlu'n addas iawn."

Dechreuodd weithio yn Ninbych, ond symudodd i Wrecsam yn fuan wedyn. Mae Eifion Pritchard yn falch iddo symud, neu fasai e ddim wedi cyfarfod â'i wraig sy'n dod o Lanymddyfri.

"Y tro cyntaf gwnes i gwrdd â hi, roedd rhywun wedi dwyn olwyn sbâr ei char. Dw i byth wedi datrys yr achos hwnnw! Yr ail dro, roedd rhaid i mi fynd ati yn yr Adran Blant. Roeddwn wedi dod ar draws pump o blant bach llawn chwain yng nghefn fan Morris Minor. 'Buskers' oedd eu rhieni ac roedden nhw wedi gadael y plant tra oedden nhw allan ar y stryd."

Er mwyn cael dyrchafiad yn gynt,

treuliodd Eifion Pritchard flwyddyn yng Ngholeg Staff yr Heddlu ar gwrs arbennig. Ar ddiwedd y flwyddyn, roedd yn rhingyll, a hynny ar ôl pedair blynedd yn unig gyda'r heddlu. Fel arfer, mae'n rhaid aros am ryw ddeuddeg mlynedd cyn cael dyrchafiad. Cafodd ddyrchafiad eto yn fuan i swydd Inspector, ac aeth yn ôl i dref ei blentyndod, y Rhyl.

GEIRFA

cyffur(iau)	drug(s)
bob hyn a hyn	every now and then
llys	court
erlyn	to prosecute
Gwasanaeth Erlyn y Goron	Crown Prosecution Service
cyfrifol am	responsible for
arolygwr	superintendent
ffin	border
troseddwr(wyr)	offender(s), criminal(s)
Manceinion	Manchester
Glannau Mersi	Merseyside
trais	violence
ac eithrio	with the exception of
atomfa	nuclear power station
ymgyrch	campaign
cynorthwyol	assistant
plismona	police work
ymarferol	practical
gwrth-derfysgaeth	anti-terrorist
dod o hyd i	to find
darpariaethol	provisional
arfau	arms
ffrwydron	explosives
llofruddiaeth	murder
llwybr y glannau	coastal path

"Roedd y Rhyl yn lle prysur iawn yn y chwedegau a chyffuriau'n broblem yno cyn trefi eraill yng ngogledd Cymru. Bob hyn a hyn, roedd y 'Mods' a'r 'Rockers' yn achosi trafferth."

Yn ystod y cyfnod yma, roedd rhaid iddo fynd i'r llys bob dydd i erlyn. Mae'n teimlo bod plismyn heddiw yn colli profiad gwych gan mai Gwasanaeth Erlyn y Goron sy'n gwneud y gwaith erbyn hyn.

Oherwydd ei gefndir yn y llynges fasnachol, cafodd Eifion Pritchard swydd newydd ar ddechrau'r saithdegau, sef "Force Communications Officer". Fe oedd yn gyfrifol am yr "Operations Room" dros ogledd Cymru i gyd. Ond cyn hir, roedd ar ei ffordd yn ôl i Wrecsam, y tro yma fel Arolygwr.

"Gan fod Wrecsam ar y ffin â Lloegr, roedd troseddwyr o Fanceinion a Glannau Mersi'n dod yno. Ar ddiwedd y saithdegau, roedd gemau pêl-droed rhyngwladol yn cael eu cynnal yn y dre, ac roedd tîm pêl-droed Wrecsam ei hun yn gwneud yn dda, felly roedd hwliganiaeth a thrais yn broblem i ni."

Yn 1983, symudodd i Gaernarfon i fod yn Brif Arolygwr. Roedd e'n gyfrifol am sir Gaernarfon a sir Fôn ac eithrio Llandudno, ardal yn cynnwys porthladd Caergybi ac atomfa'r Wylfa. Am y tro cyntaf, roedd mewn ardal Gymreig a Chymraeg iawn, a hynny adeg ymgyrch losgi Meibion Glyn Dŵr.

Mae Eifion Pritchard wedi bod yn ardal Heddlu Dyfed Powys er 1987. Ei swydd gyntaf oedd Prif Gwnstabl Cynorthwyol, ac roedd rhaid iddo wneud cryn dipyn o blismona ymarferol yn y swydd honno.

"Mae llwyddiant 'Operation Pebble' yn adnabyddus. Buodd tua hanner cant o swyddogion yr Adran Wrth-derfysgaeth yn gweithio'n y dirgel am saith wythnos. Daethon ni o hyd i safle lle roedd yr IRA Darpariaethol yn cuddio arfau a ffrwydron. Arestiwyd y ddau arweinydd a chawson nhw eu carcharu am 30 mlynedd yr un ar ôl achos llys yn yr Old Bailey."

Dyw hi ddim yn bosib datrys pob achos, serch hynny. Un achos sy'n dal i boeni Eifion Pritchard yw llofruddiaeth Peter a Gwenda Dickson ar lwybr y glannau yn Sir Benfro.

Er mis Mawrth 1994, Eifion Pritchard yw Dirprwy Brif Gwnstabl Heddlu Dyfed Powys. Mae ei waith wedi newid, er ei fod o hyd ar alwad i wneud gwaith ymarferol ar y penwythnos.

"Erbyn hyn, rwy'n gweinyddu llawer. Rwy'n gyfrifol am y personél – disgyblaeth, cwynion a hyfforddiant, a hefyd am faterion ariannol a datblygu technoleg."

Yn wir, mae Heddlu Dyfed Powys yn un o'r heddluoedd mwyaf modern. Gyda'r offer diweddaraf, mae'n bosib rhyddhau pobl i weithio'n agos â'r gymdeithas leol.

"Mae cysylltiad clòs â'r gymdeithas yn bwysig iawn. Er yr holl dechnoleg, rydyn ni hefyd yn defnyddio'r dulliau traddodiadol o blismona. Mae pobl yn tueddu i gwyno – 'Dydyn ni byth yn gweld plismyn', ond rydyn ni yn Nyfed Powys yn mynd yn ôl at gael plismyn i weithio'n lleol. Mae'n anymarferol cael plismon ym mhob pentref bach, ond ein polisi ni yw bod plismon penodol yn gyfrifol am ardal arbennig."

Mae record dda iawn gan Heddlu Dyfed Powys – mae hanner y troseddau'n cael eu datrys. Y problemau mwyaf cyffredin yw dwyn, cyffuriau, damweiniau ffordd, trais o fewn y teulu ac yn erbyn plant. Roedd yr achos am gam-drin plant yn sir Benfro yn un o'r rhai mwyaf i'w trefnu a'u cynllunio gan fod angen cydweithio â'r gwasanaethau cymdeithasol.

Eifion Pritchard wrth ei waith yn trafod â'i gydweithwyr

GEIRFA

ar alwad	on call
gweinyddu	to administrate
er yr holl	in spite of all
anymarferol	impracticable
penodol	specific
camdrin	to abuse
dryll	gun, firearm
trafod	to deal with

"Er bod llawer o sôn am gael plismyn yn cario arfau, does dim angen hynny yn yr ardal hon. Mae digon o ddynion gyda ni wedi'u hyfforddi i ddefnyddio arfau, ond ar hyn o bryd, does dim angen i bob heddwas gario dryll."

Beth sy'n gwneud plismon da, yn ôl Eifion Pritchard?

"Mae'n rhaid gallu trafod pob math o bobl, eto mae angen person

GEIRFA

gradd anrhydedd	*honours degree*
gwirfoddol	*voluntary*
ymddiriedolaeth	*trust*

ag awdurdod. Mae'n bwysig gallu gweithio fel aelod o dîm, ond mae'n rhaid meddwl drostoch chi eich hun hefyd. Wrth gwrs, all neb fod yn blismon heb fod yn gadarn, gonest a dewr. Erbyn hyn, mae llawer yn dod aton ni ar ôl bod mewn gwaith arall, ac fel rhywun fuodd ar y môr cyn ymuno â'r heddlu, dw i'n credu bod cael profiad o waith arall o fantais."

Mae'n anodd credu bod y Dirprwy Brif Gwnstabl wedi cael amser yn ystod ei yrfa brysur i ennill gradd anrhydedd mewn Seicoleg o'r Brifysgol Agored, a hynny ar ben ei waith gwirfoddol gyda'r Rotary, Relate ac Ymddiriedolaeth Busnes Tywysog Cymru i Ieuenctid.

Bydd yn mwynhau treulio ei oriau hamdden yn garddio ac yng nghwmni ei wraig a'i ddwy ferch.

SIÂN JONES – RHEOLWR EIDDO

Mae Siân Jones yn gweithio i'r Ymddiriedolaeth Genedlaethol ym Mharc Dinefwr, Llandeilo. Hi yw eu rheolwr eiddo cyntaf yn ne Cymru, ac mae'n un o'r merched cyntaf i gael swydd fel hon.

Mae gyrfa Siân Jones wedi bod yn ddiddorol iawn ac annisgwyl hyd yn hyn.

"Ugain mlynedd yn ôl faswn i ddim wedi credu y baswn i'n gweithio fel rheolwr eiddo erbyn hyn."

Fel llawer o bobl, doedd hi ddim yn siŵr iawn beth fyddai ei gyrfa. Ar ôl bod yn yr ysgol yn Abertawe, enillodd ysgoloriaeth genedlaethol i Goleg Iwerydd, Sain Dunwyd. Roedd gwneud gwaith cymdeithasol yn rhan bwysig o'r bywyd yn y Coleg, ac roedd gyrfa yn y maes hwnnw'n apelio ati. Astudiodd chwe phwnc ar gyfer y *Baccalauréat* Rhyngwladol ac roedd hi'n un o'r rhai cyntaf i sefyll arholiad Cymraeg. Cafodd gyngor i astudio'r gyfraith, ond penderfynodd ddilyn ei brawd hŷn fel syrfëwr meintiau.

"Ro'n i'n gweld ei fod e'n treulio llawer o amser allan o'r swyddfa, ac roedd hynny'n apelio ata i."

Aeth i Fryste i ddilyn cwrs "brechdan" ond gadawodd y cwrs achos ei bod yn ei gasáu. Hi oedd yr unig ferch ar y cwrs, a doedd hynny ddim yn help! Hyfforddodd wedyn fel syrfëwr meintiau drwy weithio ar wahanol safleoedd adeiladu.

"Bues i'n gwneud gwaith amrywiol iawn – gweithio ar bontydd a phriffyrdd; adeiladu gwaith cemegion yn y Barri a thorri hen beiriannau allan o goncrit yng ngwaith dur Port Talbot. Pan o'n i gyda chwmni John Laing, gweithiais ar adeilad siop Littlewoods yn Abertawe, ffatri *hi-tec* yng Nghwmbrân ac adeiladau cyhoeddus yng Nghasnewydd."

Er bod llawer o bobl yn meddwl mai gwaith syrfëwr meintiau yw amcangyfrif faint o frics sydd mewn adeilad, mae'n fwy cymhleth na hynny. Mae eisiau gwybodaeth o'r gyfraith, economeg ac adeiladu gan fod syrfëwr meintiau yn rhag-weld faint fydd adeilad yn ei gostio. Rhaid amcangyfrif beth fydd effaith problemau ar gost a safon y gwaith, a'r amser fydd eisiau i'w gwblhau.

Ar ôl cael plant, penderfynodd Siân Jones wneud gwaith gwirfoddol. Buodd hi'n gweithio i'r elusen "Stepping Stones" sy'n helpu plant anabl a

GEIRFA	
Ymddiriedolaeth Genedlaethol	National Trust
rheolwr eiddo	property manager
annisgwyl	unexpected
ysgoloriaeth	scholarship
Coleg Iwerydd	Atlantic College
syrfëwr meintiau	quantity surveyor
amcangyfrif	to estimate
cymhleth	complex
gwirfoddol	voluntary
elusen(nau)	charity(-ies)

hefyd i'r "National Childbirth Trust" sy'n rhoi cyngor i rieni cyn ac ar ôl genedigaeth plentyn.

"Ro'n i wrth fy modd yn gwneud y gwaith hwn, ac felly es i Brifysgol Abertawe i wneud Diploma mewn Astudiaethau Cymdeithasol."

Newidiodd cwrs ei gyrfa unwaith eto un Nadolig:

"Es i nôl coeden Nadolig a des 'nôl â choeden – a swydd dros dro fel syrfëwr meintiau i gwmni preifat yn Abertawe."

Ar ôl i'r swydd ddod i ben, penderfynodd Siân fynd yn ôl i orffen ei gradd mewn Tirfesur ym Mhrifysgol Morgannwg. Cwblhaodd y cwrs mewn dwy flynedd yn lle pedair a graddio yn 1992. Roedd hwn yn gyfnod anodd – roedd hi'n teithio 'nôl a blaen i Bontypridd bob dydd, yn astudio gyda'r nos, heb sôn am ofalu am y teulu. Wedyn, buodd hi'n gwneud gwaith amrywiol – yn darlithio dros dro, yn gwneud gwaith datblygu gyda chymdeithasau tai ac yn datblygu arbenigedd fel arbenigwr hawliau.

Yn Ionawr 1994, ceisiodd am swydd Rheolwr Eiddo gyda'r Ymddiriedolaeth Genedlaethol ym Mharc Dinefwr, Llandeilo.

"Do'n i ddim wedi disgwyl cael y swydd o gwbl achos bod llawer o bethau newydd i mi yn y gwaith. Ar yr un adeg, cefais gynnig swydd gyda Chymdeithas Tai. Felly, un funud doedd dim yn digwydd, a'r eiliad nesaf, roedd rhaid gwneud penderfyniadau mawr!"

Mae'r gwaith ym Mharc Dinefwr yn amrywiol dros ben. Rhan bwysig yw gofalu ar ôl Stad Dinefwr, sydd ryw 450 erw.

"Mae parc ceirw gyda ni, a hefyd gwartheg gwynion sydd yn dyddio o adeg Hywel Dda – maen nhw wedi bod yno ers y ddegfed ganrif. Os oedd rhywun yn torri un o gyfreithiau Hywel Dda, roedd rhaid iddyn nhw dalu iawn drwy roi gwartheg gwynion iddo fe. Dw i wedi gorfod dysgu llawer am sut i ofalu am yr anifeiliaid hyn – pryd i fynd â'r fuwch at y tarw ac yn y blaen!"

Siân Jones o flaen Drenewydd adeg ailgodi'r twredau. Llun: Ralph Carpenter

Rhan arall o'r gwaith yw trwsio Drenewydd (Newton House). Codwyd y tŷ presennol yn yr ail ganrif ar bymtheg gan y teulu Rice oedd wedi bod yn byw yng Nghastell Dinefwr. Yn y ddeunawfed ganrif, ychwanegwyd tyrau at gorneli'r tŷ, ac yna adeiladwyd twredau tal ar ben y tyrau yn y 1860au. Tynnwyd y twredau hyn yn 1935 pan ddechreuodd llechi gwympo oddi arnyn nhw. Ond yn 1994, ailgodwyd y twredau fel bod Drenewydd yn edrych fel roedd 'nôl yn oes Fictoria (gweler y llun).

"O'r tŷ gwreiddiol, dim ond y nenfydau a'r grisiau sydd ar ôl. Cafodd plwm ei ddwyn o'r to ac mae hyn wedi achosi llawer o broblemau gyda lleithder a *dry rot*. Rhoddwyd wyneb newydd o garreg leol i'r tŷ yn 1857 – yn anffodus, mae'r wal nawr yn rhy drwm ac mae'r lloriau'n gwegian. Felly, rydyn ni'n gorfod datrys problemau a grëwyd dros gan mlynedd yn ôl."

Mae llawer o waith cadwraeth yn digwydd wrth drwsio'r tŷ a rhaid gofalu bob amser bod popeth gwreiddiol yn cael ei gadw fel roedd.

"Ro'n ni'n adnewyddu pistyll yn ddiweddar ac roedd rhaid i ni roi pwmp a phibau plastig ynddo. Ond, er bod darnau newydd, mae'r pistyll gwreiddiol yn dal fel roedd – gallen ni dynnu'r pibau a'r pwmp yn y dyfodol heb effeithio arno fe. Dyna beth sy'n bwysig wrth wneud y math yma o waith."

Gan fod Parc Dinefwr yn agored i'r cyhoedd, mae'n medru bod yn lle prysur iawn.

"Dw i wrth fy modd yn ystod tymor yr ymwelwyr. Mae pob diwrnod yn wahanol – er enghraifft, daeth rhywun ata i heddiw i roi hanes ei mam-gu oedd yn arfer gweithio yn Drenewydd, a hen athro i ofyn a allai ddod â grŵp o bobl i ymweld â'r stad."

Fel rheolwr eiddo, mae Siân yn gyfrifol am ryw ugain o staff, yn cynnwys gweithwyr yr ystad a'r meysydd parcio, glanhawyr, ysgrifenyddes, clerc y gwaith a'r Warden. Ond mae'n credu mewn rhoi llawer o gyfrifoldeb i'r staff i drefnu rota gwaith a gwyliau.

Mae cefndir Siân mewn gwaith cymdeithasol yn ddefnyddiol iawn yn ei swydd:

"Dyn ni'n ceisio sicrhau bod y tŷ a'r stad yn addas i'r anabl. Gan 'mod i wedi gweithio yn y maes, dw i'n nabod rhywun sy'n gallu helpu os dw i ddim yn gwybod fy hunan. Hefyd, mae merch fach ddall yn ffrind i'm merch hynaf ac felly dw i'n ceisio sicrhau bod digon o bethau diddorol i'w cyffwrdd."

Er bod rhaid i'r parc wneud arian, does dim hawl troi'r lle yn Alton Towers neu'n Blackpool. Rhaid cadw

G E I R F A

nenfwd (nenfydau)	ceiling(s)
plwm	lead
lleithder	damp
gwegian	to give way
cadwraeth	conservation
pistyll	well, fountain
effeithio ar	to affect
cyfrifoldeb	responsibility
anabl	disabled
dall	blind
cyffwrdd	to touch
cydbwysedd	balance
diddordeb gwyddonol arbennig	special scientific interest
cynhadledd (cynadleddau)	conference(s)
rhagfarn	prejudice

cydbwysedd rhwng yr ochr fusnes a'r parc sy'n cynnwys darnau o dir o ddiddordeb gwyddonol arbennig (SSSI). Ond mae modd cynnal rhai pethau, fel cyngherddau a chynadleddau.

Siân yw un o'r merched cyntaf i fod yn rheolwr eiddo ac fel syrfëwr meintiau hefyd, roedd hi'n gweithio mewn maes heb lawer o ferched. Ydy hi wedi profi rhagfarn oherwydd ei

GEIRFA

gydol yr amser	*all along*
cyfarwyddo â	*to get used to*
profiad	*experience*
ymarferol	*practical*
sawdl	*heel*
meithrin	*to nurture*

bod hi'n ferch?

"Mae wedi bod yn eitha anodd gydol yr amser a dweud y gwir. Dw i wedi dioddef llawer o dynnu coes, ond ar ôl rhyw ugain mlynedd, mae rhywun yn cyfarwyddo â hynny. Dw i bob amser yn teimlo bod rhaid i mi brofi 'mod i'n gallu gwneud y gwaith a dangos bod llawer o brofiad gyda fi. Yn ymarferol, os oes rhaid dringo ysgol ddeugain troedfedd yn ystod y dydd, dw i'n gwneud hynny – hyd yn oed os yw fy sawdl yn dal yn hem fy sgert gan fy ngadael i'n hongian ugain troedfedd yn yr awyr ar un goes!"

Yn ei swydd fel rheolwr eiddo, felly, mae Siân Jones yn llwyddo i feithrin ei diddordeb mewn adeiladu, hen bethau a gwaith cymdeithasol, ac mae hi wrth ei bodd!

WYTHNOS YNG NGYRFA
ARNOT HUGHES – PENSAER

Un o gyfarwyddwyr cwmni penseiri Lawray Cyf. yw Arnot Hughes. Yn ystod ei yrfa, mae wedi cyfrannu at gynlluniau adeiladau amrywiol – o ffatri Laura Ashley yng Ngharno a thŷ Dug a Duges Westminster, i "Plantasia" Abertawe. Dyma wythnos waith nodweddiadol yn ei yrfa:

Dydd Llun

Mae'r cwmni wedi derbyn cytundeb gan yr Adran Nawdd Cymdeithasol i adnewyddu rhai o'u hadeiladau, ac mae Arnot Hughes yn mynd i Gasnewydd i gyflwyno'r cynlluniau. Mae'r gwaith ychydig yn anarferol – mae angen newid tai bach cyhoeddus i atal pobl rhag eu camddefnyddio i gymryd cyffuriau. Rhaid gwneud yn siŵr bod dim lle i guddio nodwyddau na chyffuriau.

"Roedd hi'n agoriad llygad i mi wneud y gwaith hwn a sylweddoli bod angen cymryd camau o'r fath. Cyn bwrw 'mlaen â'r cynlluniau manwl i'r adeiladwyr, rhaid cael cyfarfod cyflwyno i sicrhau bod y client yn fodlon ac y bydd y cynlluniau'n cael eu derbyn."

Yn y prynhawn, allan i gyfarfod ar safle adeiladu i drafod gyda chontractwyr prosiect arall. Weithiau, bydd problemau wrth godi adeilad, a bydd angen i'r penseiri sicrhau bod y cynlluniau'n glir. Mae Arnot wrth ei fodd ar safleoedd adeiladu – mae'n cadw'r pensaer mewn cysylltiad â'r ochr ymarferol.

"Dw i'n mwynhau bod allan yn yr awyr agored fel hyn. Dyma un rheswm pam penderfynais fod yn bensaer. Pan o'n i'n fachgen ifanc yn Llanelwy, hyfforddi fel athro ymarfer corff oedd fy mwriad cyntaf. Ond, efallai am fod cefndir adeiladu yn y teulu – adeiladwyr oedd fy nhaid a fy ewythr, neu am fy mod i'n mwynhau arlunio, penderfynais fynd i Ysgol Bensaernïaeth Cymru yng Nghaerdydd yn y pen draw."

Dydd Mawrth

Yn y bore, rhaid ysgrifennu llythyron i gadw mewn cysylltiad â phobl allai gynnig gwaith i'r cwmni. Mae'r dirwasgiad diweddaraf wedi dod â llawer o newidiadau – does dim cymaint o waith i benseiri ac mae marchnata wedi dod yn bwysig.

"Pan orffennais yn y coleg ar ddechrau'r saithdegau, roedd hi'n gyfnod o ddirwasgiad, ond mae hi wedi bod yn waeth na hynny yn ystod

GEIRFA	
cyfarwyddwr	director
pensaer (penseiri)	architect(s)
cyfrannu	to contribute
amrywiol	various
nodweddiadol	typical
cytundeb	contract
yr Adran Nawdd Cymdeithasol	the Department of Social Security
adnewyddu	to renew
cyflwyno	to submit
anarferol	unusual
atal	to prevent
camddefnyddio	to misuse
agoriad llygad	an eye opener
bwrw 'mlaen	to continue, to forge ahead
manwl	detailed
sicrhau	to ensure
safle adeiladu	building site
ymarferol	practical
hyfforddi	to train
ymarfer corff	physical education
fy mwriad	my intention
adeiladwyr	builders
arlunio	to paint
Ysgol Bensaernïaeth Cymru	Welsh School of Architecture
yn y pen draw	in the end
allai gynnig gwaith	who could offer work
dirwasgiad	recession
marchnata	marketing
cyfnod	period

GEIRFA

profiad	experience
agwedd	aspect
canlyniad(au)	result(s)
ymgymryd â	to undertake
cynghori	to advise
ymarferol	practical
terfynol	final
cofrestru	to register
ymddiddori	to take an interest
dyfalbarhad	perseverance
ymroddiad	commitment
brwdfrydig	enthusiastic
datblygwr	developer
darpar	prospective

y blynyddoedd diwethaf. Am y tro cyntaf yn fy mhrofiad i, rhaid i mi fynd ar ôl gwaith a marchnata'n galed. Wrth gwrs, chawson ni ddim hyfforddiant i farchnata yn y Brifysgol a dydy pawb yn y cwmni ddim yn mwynhau'r agwedd hon. Mae angen personoliaeth arbennig, felly cawn weld o'r canlyniadau a ydw i'n addas i'r gwaith!"

Y dyddiau hyn, bydd penseiri'n ymgymryd â phob math o brosiectau, achos fedran nhw ddim fforddio gwrthod. Rhaid bod yn barod i wneud amrywiaeth o waith, nid dim ond y math o brosiectau dych chi'n eu mwynhau. Fyddai Arnot Hughes felly'n cynghori person ifanc i hyfforddi fel pensaer?

"Mae'r hyfforddiant yn y coleg yn para pum mlynedd a rhaid gweithio'n ymarferol am ddeunaw mis cyn sefyll arholiad terfynol y proffesiwn a chofrestru fel pensaer – proses hir iawn. Efallai bod person ifanc yn penderfynu bod yn bensaer am ei fod yn hoffi arlunio, neu'n ymddiddori mewn

cynllunio, ond yn ystod cyfnod anodd fel hwn, rhaid cael dyfalbarhad ac ymroddiad hefyd. Serch hynny, dw i wedi bod yn hapus fel pensaer dros yr ugain mlynedd diwethaf, a faswn i ddim wedi newid fy swydd. Mae gweithio gyda gwahanol bobl a sefydliadau a datblygu prosiectau unigol yn rhoi llawer o fwynhad. Ond dw i'n teimlo ychydig yn llai brwdfrydig heddiw oherwydd y dirwasgiad yma."

Dydd Mercher

Yn y bore, mae datblygwr yn dod i weld Arnot Hughes i siarad am y sgiliau sydd gan y cwmni i'w cynnig.

"Mae cyfarfodydd fel hyn yn bwysig iawn er mwyn i ddarpar

Arnot Hughes

gwsmeriaid wybod am y sgiliau a'r profiad sydd gan y cwmni a hefyd er mwyn iddyn nhw ddod i'ch adnabod chi'n bersonol. "
Wedyn, fel un o gyfarwyddwyr y cwmni, rhaid i Arnot edrych dros waith rhai o'r penseiri eraill. Mae penseiri wedi newid y ffordd maen nhw'n

gweithio yn ystod y blynyddoedd diwethaf. Yn lle papur, pensel a phren mesur, daeth cyfrifiaduron a'r dechnoleg ddiweddaraf. Gyda *Computer Aided Design (CAD)*, gall penseiri greu cynllun a'i newid yn llawer cynt. O'r blaen, roedd y broses yn llawer mwy llafurus.

"Yn y dyfodol, bydd cyfrifiaduron yn gwneud mwy o waith manwl eto. Er enghraifft, bydd meddalwedd yn gallu cyfrif sawl bricsen ac ati fydd eu hangen i adeiladu. Felly bydd llai o swyddi i syrfewyr meintiau."

Beth am newidiadau eraill? Mae Arnot Hughes yn credu y bydd penseiri Prydain yn gweithio'n debycach i benseiri Ewrop yn y dyfodol.

"Mae system wahanol yn Ewrop. Mae penseiri Ewrop yn canolbwyntio mwy ar gynllunio adeiladau, gan adael y cynlluniau manwl i'r contractwyr neu'r adeiladwyr. Ym Mhrydain, os yw pensaer yn gosod y *damp course* yn y lle anghywir ar y cynllun manwl, bydd yr adeiladwyr yn dilyn y cynllun, anghywir neu beidio. Felly, y pensaer sydd bob amser ar fai ym Mhrydain. Ond yn Ewrop, yr adeiladwr sydd ar fai."

Oes camgymeriadau'n digwydd, felly?

"Dyw'r cwmni yma byth yn gwneud camgymeriadau, wrth gwrs! Ond mewn gwirionedd, gall camgymeriadau godi wrth frasgynllunio, ychwanegu manylion neu wrth adeiladu. Mewn cwmni penseiri da, bydd system o edrych dros gynlluniau sawl gwaith yn ystod prosiect. Dylai hyn sicrhau bod camgymeriadau'n cael eu dileu i gyd, fwy neu lai. Mae hefyd yn bwysig fod y client yn deall eich cynlluniau. Rhaid gwneud yn siŵr bod ei syniadau wedi cael eu dehongli'n gywir yn y cynllun. Mae'n rhy hwyr ar ôl i'r adeilad gael ei godi – os ydy'r client yn dweud 'Doeddwn i ddim yn sylweddoli y byddai'r adeilad yn edrych fel yna,' mae'r pensaer wedi methu sicrhau bod y client yn hapus â'r cynllun ar y dechrau."

Dydd Iau

Heddiw, rhaid ysgrifennu *fee bid* am waith yng Nghaerfyrddin, sef cynnig pris am wneud gwaith. O'r blaen roedd graddfa benodol i dâl penseiri gan yr RIBA – y *Royal Institute of British Architects* – ond mae pethau wedi newid. Mae'r raddfa benodol

GEIRFA	
cyfrifiaduron	*computers*
llafurus	*tedious, laborious*
manwl	*detailed*
meddalwedd	*software*
syrfëwr meintiau	*quantity surveyor*
tebycach	*more similar*
canolbwyntio	*to concentrate*
ar fai	*to blame*
camgymeriad(au)	*mistake(s)*
brasgynllunio	*to sketch*
ychwanegu	*to add*
dileu	*to delete*
dehongli	*to interpret*
graddfa benodol	*fixed fee scale*

GEIRFA

gostwng	to lower
amhrofiadol	inexperienced
eilradd	second-rate
treulio	to spend
gorffenedig	finished
cymydog	neighbour
amgylchfyd	environment
dynwared	to imitate
ymgynghorol	advisory
gwahodd	to invite
Tŷ Twym Trofannol	Tropical Hot House

wedi cael ei dileu, a rhaid i bob cwmni penseiri dendro yn erbyn ei gilydd am waith. Oherwydd hyn, mae'r tâl wedi gostwng, wrth gwrs.

"Un o'r problemau yw bod cwmnïau'n ceisio torri ar gostau ac yn rhoi gwaith i bobl amhrofiadol yn y cwmni. Yn y pen draw, mae hyn yn golygu mwy o gamgymeriadau a gwasanaeth eilradd i'r client. Mae cwmnïau penseiri hefyd yn gorfod edrych yn fanwl ar yr amser sy'n cael ei dreulio ar baratoi prosiect. Yn y gorffennol, roedd mwy o amser yn cael ei dreulio. Er enghraifft, doedd dim gwahaniaeth os oedd client yn newid ei feddwl sawl gwaith. Yn yr hen ddyddiau, roedden ni'n barod i wneud gwaith cynllunio y tu mewn i'r adeilad (*interior design*) yn y pris. Ond y dyddiau hyn, ar ôl i'r client gytuno ar gynllun arbennig, basai rhaid iddo fe dalu i'w newid. Hefyd, basai rhaid talu ffi ychwanegol am waith cynllunio y tu mewn i'r adeilad."

Mae gwaith pensaer yn waith cyhoeddus iawn, hynny yw, mae pawb yn gweld y cynllun gorffenedig. Un o'r bobl sy'n dweud ei farn am waith penseiri yw'r Tywysog Charles. Beth yw barn Arnot Hughes?

"Yn sicr, mae llawer o bobl wedi ymddiddori mewn cynllunio ar ôl clywed barn y Tywysog. Ond dw i ddim yn cytuno â'i farn bod pensaernïaeth 'fodern' yn wael ar y cyfan ac mai'r unig adeiladau da yw'r rhai sy'n edrych fel hen rai. Mae'n well dweud bod cynlluniau da

Adnewyddu St. Michael's Arcade yng Nghaer

a chynlluniau gwael. Yn fy marn i, rhaid codi adeilad sy'n gwneud cymydog da i'r adeiladau neu'r amgylchfyd sydd yno'n barod. Gall ei gynllun fod yn addas heb ddynwared yr hen adeiladau o'i gwmpas. Yr hyn sy'n bwysig yw bod adeilad yn addas i'r safle ac i'r defnydd fydd iddo."

Dydd Gwener

Taith i Cross Hands i gymryd rhan ar banel ymgynghorol a chynnig syniadau ar gyfer datblygu adeilad gwag yno. Mae'r grŵp celfyddydau Cymraeg Gweled wedi eu gwahodd i ddweud eu barn a thrafod gyda'r gymuned leol cyn i unrhyw gynlluniau fynd o flaen y cyngor. Mae'n debyg i Arnot Hughes gael ei wahodd i fod ar y panel am iddo fagu llawer o brofiad yn ystod ei yrfa, gan gynllunio pob math o adeiladau. Roedd hefyd yn ddigon ffodus i fod yn rhan o dîm a enillodd wobr am gynllun Plantasia – y Tŷ Twym Trofannol yn Abertawe.

Er iddo gynllunio swyddfeydd, ffatrïoedd, safleoedd siopa a lety i fyfyrwyr, gwaith ar dŷ Dug a Duges Westminster y tu allan i Gaer yw un o'r prosiectau mwyaf diddorol iddo ei wneud erioed.

"Ar y pryd ro'n i'n gweithio i gwmni arall ac roedden ni newydd orffen adnewyddu'r Grosvenor Centre a St Michael's Arcade yng Nghaer. Daeth cais wedyn oddi wrth Ddug Westminster – roedd eisiau gwneud ei dŷ'n fwy drwy roi to newydd arno ac ychwanegu llawr arall iddo. Yn y pen draw, ailgodwyd y tŷ i gyd fwy neu lai. Yn gyntaf, cyflwynon ni'r syniadau ar ffurf brasluniau a dyfrliwiau, yna sampl maint llawn o rannau o'r adeilad mewn pren. Felly roedd hi'n bosib egluro'r cynlluniau a chael cyfle i newid rhai pethau. Wyneb o garreg oedd i'r adeilad, felly treulion ni lawer o amser yn ystyried manylion. Treulion ni ddau ddiwrnod yn cerdded o gwmpas Rhydychen yn gweld enghreifftiau o fanylion da a gwael ar adeiladau yno, er mwyn osgoi camgymeriadau ar y prosiect. Roedd cynllunio mewn carreg yn gyffrous iawn, ac roedd hi'n braf gweithio gyda chrefftwyr gwych oedd

yn ymfalchïo yn eu crefft."

Bydd Arnot Hughes yn edrych ymlaen at y penwythnos, pryd bydd yn mwynhau gwylio neu gymryd rhan mewn chwaraeon amrywiol. Bydd yn treulio'r penwythnos arbennig hwn yn cefnogi tîm rygbi Llanymddyfri ond mae hefyd yn ymweld yn gyson â Ffrainc, lle mae e a'i wraig wrth eu bodd.

GEIRFA

Dug a Duges	*Duke and Duchess*
Caer	*Chester*
ailgodwyd	*was rebuilt*
brasluniau	*sketches*
dyfrliwiau	*watercolours*
manylion	*details*
Rhydychen	*Oxford*
ymfalchïo	*to take pride*
eofn	*bold*
ailadrodd	*repetition*
amlwg	*obvious*
dirywio	*to deteriorate*
cynnal a chadw	*maintenance*

Pethau y mae Arnot Hughes yn eu hoffi am adeiladau:

1 Cynllun sy'n dangos pwrpas adeilad yn glir.
2 Adeilad sy'n gymydog da i'w amgylchfyd.
3 Defnydd eofn o liw.
4 Llinellau syml, glân ("Mae llai yn dweud mwy").
5 Elfennau sy'n gwneud i bobl wenu neu feddwl.
6 Gwybod na fyddai'r client eisiau newid dim ar yr adeilad.

Pethau nad yw Arnot Hughes yn eu hoffi am adeiladau:

1 Ailadrodd amlwg.
2 Cynllun sydd ddim yn ystyried y defnyddwyr, sef "y cyhoedd".
3 Nodweddion pensaernïol di-bwrpas.
4 Cefn adeiladau sydd heb eu cynllunio'n fanwl.
5 Defnyddiau rhad ar adeiladau – maent yn dirywio heb waith cynnal a chadw ac yn edrych yn ofnadwy.

SGWRS Â GERAINT MORRIS –
CYNHYRCHYDD DRAMÂU TELEDU

GEIRFA

ar ei liwt ei hun	free-lance
ymgynghorydd	consultant
mab y mans	minister's son
dylanwad	influence
rhwng dau feddwl	in two minds
efrydiau	studies
cyngor	advice
y diweddar Athro	the late Professor
yn hytrach na	rather than
hewl	road
ar gychwyn	about to begin
Rheolwr Llawr	Assistant Floor
Cynorthwyol	Manager
cefais flas ar	I enjoyed
parhaol	permanent
Y Gorfforaeth	The Corporation
er hynny	even so
lledu fy	to broaden my
ngorwelion	horizons
cais	application
rhwystrwyd fi	I was prevented

Tasai Geraint Morris yn gweithio yn America, basai'n filiwnydd. Mae wedi cynhyrchu cyfresi teledu llwyddiannus fel *Casualty*, *The Onedin Line* a *Juliet Bravo* ac ar hyn o bryd mae'n gweithio ar ei liwt ei hun fel cynhyrchydd ac ymgynghorydd.

Pryd dechreuodd eich diddordeb mewn gweithio ym myd y ddrama, a sut cychwynnodd eich gyrfa deledu?

Ces i fy magu yn fab y mans ac roedd fy nhad yn ysgrifennu dramâu ar gyfer y radio. Roedd fy nhad-cu hefyd yn cynnal dramâu yn y capel, a des i o dan ddylanwad y cefndir hwn. Ro'n i'n arfer mwynhau mynd i'r theatr yng Nghaerdydd yn fachgen ifanc i weld dramâu Saesneg. Felly, pan es i i'r Brifysgol ym Mangor ro'n i rhwng dau feddwl – naill ai dilyn fy nhad fel gweinidog, neu fynd yn actor.

Treuliais flynyddoedd hapus iawn ym Mangor – ro'n i'n aelod o'r cwmni drama, ond do'n i ddim yn mwynhau'r ochr academaidd gymaint. Ro'n i'n astudio Efrydiau Beiblaidd, a ches gyngor gan y diweddar Athro Bleddyn Roberts y basai'n well i mi ddringo grisiau'r llwyfan yn hytrach na grisiau'r pulpud! Felly es i i Goleg Drama Caerdydd am flwyddyn – y Coleg Cerdd a Drama erbyn hyn – i ddilyn cwrs actio.

Ar ddiwedd y flwyddyn honno, penderfynais geisio am swydd haf gyda'r BBC yng Nghaerdydd yn lle mynd i weithio ar yr hewl gyda'r cyngor fel arfer. Do'n i ddim wedi sylweddoli bod BBC2 ar gychwyn, a ches i swydd fel "Rheolwr Llawr Cynorthwyol" yn gwneud y te ac ati. Do'n i ddim yn hollol sicr beth ro'n i eisiau ei wneud – dim ond cael digon o arian i fynd i Lundain i ddechrau gyrfa fel actor. Ond fel digwyddodd hi, cefais flas ar y gwaith, ac yn y pen draw des yn aelod o staff parhaol y Gorfforaeth yng Nghaerdydd. Ro'n i'n gweithio ar ddramâu a phob math o raglenni eraill, felly ces brofiad arbennig yno.

Er hynny, dechreuais deimlo 'mod i eisiau lledu fy ngorwelion a mynd i Lundain i ddysgu mwy. Roedd hi'n bosib mynd ar *attachment* am rai misoedd, a llwyddais i gael fy nerbyn ar fwy nag un cais. Ond rhwystrwyd fi gan ryw bennaeth, o dan yr esgus bod gormod o waith yng Nghaerdydd i mi gael mynd. Yn y

Pigion Gyrfa Geraint Morris

1963 Dechrau gweithio i'r BBC yng Nghaerdydd.

1968 Symud i Lundain – gweithio ar *Softly Softly*.

1971-3 Cyfarwyddo *Softly Softly*, *Sutherland's Law* ac yng Nghymru Y *Stafell Ddirgel* a *Lleifior*.

1973-6 Cynhyrchu *Softly Softly*.

1976-80 Cynhyrchydd/Cyfarwyddwr *Onedin Line* (pedair blynedd olaf y gyfres).

1981-2 Cynhyrchydd *Kings' Royal* yn yr Alban – cyfres am ryfel rhwng y *Whisky Barons* ar ddiwedd y ganrif ddiwethaf.

1983-6 Cynhyrchu *Juliet Bravo*.

1986-88 Cynhyrchydd cyntaf *Casualty* – Cyfresi 1, 2 a 3.

1988-9 Cynhyrchu *The Bill*.

1990-2 Cynhyrchu chweched a seithfed gyfres *Casualty*. Datblygu syniadau newydd ar gyfer rhwydwaith y BBC.

1993 Cynhyrchydd *Selected Exits* – ffilm gan Alan Plater am Gwyn Thomas, yr awdur o'r Rhondda, gyda Syr Anthony Hopkins yn y brif ran, i BBC Cymru.

1993-4 Cynhyrchu *Wycliffe* i HTV ar gyfer rhwydwaith ITV.

1994 Uwch Ymgynghorydd Drama i HTV.

GEIRFA

pigion	*highlights*
cyfarwyddo	*to direct*
cynhyrchu	*to produce*
cynhyrchydd	*producer*
cyfarwyddwr	*director*
rhwydwaith	*network*
uwch	*senior*
ymgynghorydd	*consultant*
addasu	*to adapt*
ansicrwydd	*uncertainty*
sbardun	*incentive*
morgais	*mortgage*

pen draw, ceisiais am swydd amser-llawn yn Llundain yn 1968. Wedi mynd yno, cefais fy rhoi ar y rhaglen *Softly Softly*, a dyna pryd cychwynnodd fy ngyrfa.

Dechreuoch chi weithio ar eich liwt eich hun yn 1977. Oedd rhaid i chi addasu wrth wneud hynny?

Oedd, ar ôl bod yn sicr o waith gyda'r Gorfforaeth, roedd rhaid wynebu ansicrwydd. Ond ro'n i'n teimlo bod angen mwy o sbardun arna i, a dw i wedi bod yn lwcus iawn, rhaid dweud, achos dim ond am ryw bythefnos dw i wedi bod mas o waith ers hynny. I berson ifanc, mae'n anodd cael morgais oherwydd yr ansicrwydd. Mae problemau hyd yn oed i

Geraint Morris gyda chast Juliet Bravo, 1984

GEIRFA

yswiriant	insurance
yswirio	insure
marchnata	to market
cynnig	to suggest, to propose
ymwneud â	to deal with
gweithredu	to operate
magwraeth	upbringing
cymera i	I'll take
cynorthwyydd cyllid	financial adviser

rywun hŷn; er enghraifft, dw i newydd gael gwybod gan gwmni yswiriant ei bod hi'n amhosibl yswirio cynnwys y tŷ achos 'mod i'n gynhyrchydd drama! Mae yswiriant y car yn uchel hefyd – mae'r cwmnïau yswiriant 'ma'n meddwl bod unrhyw un sy'n "freelance" ac yn y byd drama yn gyrru o gwmpas yn wyllt!

Mae'n rhaid eich marchnata eich hunan wrth gwrs – mae'n rhaid dangos eich bod yn berson hawdd cydweithio ag e. Weithiau, bydd pobl yn gofyn i mi, "Sut daethoch chi'n gynhyrchydd?"; fy ateb i yw, "Drwy wneud te da!" Mae angen cadw'r syniad yna o gydweithio'n hapus â phawb.

Yn aml iawn, wrth weithio i'r Gorfforaeth, er enghraifft, mae rhywun yn datblygu syniad – pan ddechreuais i *Casualty*, ro'n i wedi cael cais am "rywbeth meddygol" a datblygu'r syniad wnes i. Ond pan dych chi'n gweithio ar eich liwt eich hun, rhaid curo ar ddrysau cwmnïau teledu a chynnig syniadau. Wrth weithio ar un gyfres, dych chi'n edrych am syniadau

ar gyfer y gyfres nesa a'r un wedyn. Rhaid dweud 'mod i'n mwynhau'n fawr er gwaetha'r oriau hir a'r ansicrwydd.

Pa sgiliau sydd eu hangen ar gynhyrchydd?

Fel ro'n i'n sôn nawr, baswn i'n dweud mai'r sgìl bwysicaf yw gallu ymwneud â phobl. Mae dwy ffordd o weithredu fel cynhyrchydd – rheoli pobl drwy ofn, neu reoli drwy esiampl. Dw i yn erbyn rheoli pobl drwy ofn – dylanwad fy magwraeth fel mab y mans, efallai. Mae gormod o bobl yn gweithredu felly – yn enwedig yn ein busnes ni, lle mae cymaint o ansicrwydd.

Allech chi ddisgrifio gwaith cynhyrchydd wrth baratoi cyfres deledu?

Cymera i *Casualty* fel enghraifft. Bydd y gwaith ar y gyfres yn dechrau flwyddyn cyn i'r rhaglen ymddangos ar y sgrin. Am y chwe mis cyntaf, bydda i fel cynhyrchydd yn paratoi sgriptiau'r awduron gyda'r golygydd sgript a'r cynorthwyydd cyllid. Gyda chyfres fel *Casualty* mae angen llawer o ymchwil a chydweithio â doctor, nyrs, para-medic, dyn tân a phlismon. Rhaid ailddrafftio – dydy ailddrafftio sgript

Selected Exits, 1993 – Alan Plater (awdur), Syr Anthony Hopkins a Geraint Morris

wyth gwaith ddim yn anghyffredin. Hefyd, bydda i'n dewis actorion parhaol y gyfres gyda'r cynghorydd castio a'r cyfarwyddwr cyntaf.

Ar ôl y broses hon, bydd timau'n cynnwys yr awdur, y cyfarwyddwr a'r actorion yn dechrau gweithio. Bydd sawl tîm yn gweithio ar y gyfres gan fod cymaint o benodau, ond bydda i'n cynhyrchu'r gyfres i gyd. Unwaith y bydd y gwaith ffilmio wedi dechrau, fydda i ddim yn edrych dros ysgwydd y cyfarwyddwr, bydd e neu hi'n cael rhyddid i ddehongli'r sgript. Ond, wrth gwrs, byddwn ni wedi trafod arddull y gyfres ymlaen llaw a bydda i'n bwrw golwg dros y gwaith ar ôl i'r ffilmio orffen bob dydd. Ar yr un pryd, rhaid edrych am syniadau am y gyfres nesa a'r un wedyn!

Mae llawer o fyfyrwyr heddiw yn astudio cyrsiau cyfryngau – dych chi'n credu bod dilyn y math yma o gwrs yn syniad da?
Mae'n anodd iawn i mi ddweud, "Peidiwch â dilyn cwrs cyfryngau." Mae llawer yn gwneud, wrth gwrs, ond mae'n bosib gwneud gradd mewn unrhyw bwnc a'r cyfryngau'n dod wedyn. Dw i'n poeni bod cymaint yn astudio'r cyfryngau – a

---

Rhai gwobrau

1974 Gwobr y National Viewers and Listeners Association i *Softly, Softly.*

1991, 1992, 1994 Enwebiadau BAFTA am y gyfres orau – *Casualty.*

1992 Gwobr y Royal Television Society am y gyfres orau – *Casualty.*

1992 Gŵyl Ryngwladol Ffilm a Theledu Birmingham – *Casualty* yn ennill categori'r gyfres orau.

1994 Enwebiad BAFTA Cymru am y ddrama orau – *Selected Exits.*

1994 Gwobr y Royal Television Society am y rhaglen ranbarthol orau – *Selected Exits.*

---

oes modd i bawb gael gwaith yn y maes yn y pen draw? Mae'n fwy o *rat race* nawr nag oedd hi yn fy nghyfnod i. Baswn i'n cynghori

---

person ifanc i ddatblygu sgiliau eraill, rhag ofn y byddan nhw mas o waith am gyfnodau hir. Er enghraifft, dw i'n cofio un actor oedd yn gweithio ar *Softly, Softly* yn dilyn cwrs gyrru HGV ar ôl i'r gyfres orffen. Erbyn hyn, mae cwmni lorïau gyda fe'n mynd 'nôl a 'mlaen i'r cyfandir. Mae'n dal i actio, ond y cwmni lorïau yw ei fywoliaeth e.

Fasech chi wedi hoffi gwneud rhywbeth yn wahanol yn eich gyrfa chi?
Fel pawb arall, dw i wedi breuddwydio am chwarae rygbi dros Gymru neu fedru canu fel Bryn Terfel! Na, dw i wedi mwynhau pob dim, a baswn yn hollol hapus i ail-fyw fy ngyrfa eto.

Dych chi'n difaru eich bod chi wedi gadael Cymru?

Es i o Gymru i raddau achos fy mod i'n fab y mans – roedd hi'n rhy hawdd i bobl ddweud – "Dim ond achos dy fod ti'n fab i weinidog rwyt ti lle'r wyt ti." Roedd hynny'n un rheswm dros fynd dros Glawdd Offa. Ond y rheswm pennaf oedd mai Llundain oedd canolfan y byd teledu – dim ond yno roedd hi'n bosib gweld y goreuon wrth eu gwaith. Erbyn hyn, wrth gwrs, baswn i'n cynghori person ifanc i fynd i Ewrop neu America i weithio am gyfnod o brofiad – dw i fy hunan am ymweld ag America a dysgu mwy.

Beth yw'r datblygiadau diweddaraf yn y maes?

Mae defnyddio tâp fideo yn lle ffilm wedi gwneud y broses o ffilmio'n gynt a llai costus. Cyn hir, gyda'r datblygiadau mewn teledu digidol, bydd hi'n bosib i un person ysgrifennu, cynhyrchu, cyfarwyddo a golygu yn ei lolfa ei hun, fel sydd wedi digwydd gyda cherddoriaeth. Bydd mwy o sianeli ar y teledu, ond dw i'n ofni bydd llai o arian i greu rhaglenni. Felly bydd mwy o bwysau i greu rhaglenni sy'n boblogaidd, yn hytrach na rhaglenni o safon uchel.

Mae'n siŵr eich bod chi wedi cael llawer o brofiadau diddorol yn ystod eich gyrfa.

Ydw, erbyn meddwl! Er enghraifft, un gwanwyn, ro'n i gyda chriw'r Onedin Line yn ffilmio i lawr yn Aberdaugleddau pan oedd diweithdra mawr yn yr ardal. Daeth galwad ffôn oddi wrth un dyn yn dweud y basai fe'n fodlon neidio o dop mast llong am £100. Y bore canlynol, daeth llawer o bobl yn cynnig gwneud yr un peth – wrth gwrs, basen nhw wedi cael eu lladd yn syth tasen nhw wedi neidio. Wedyn sylweddolon ni ei bod hi'n ddiwrnod Ffŵl Ebrill – roedd rhyw "wag" lleol wedi lledu'r stori bod y BBC yn chwilio am rywun i neidio o dop mast llong am £100, ac roedd cymaint o bobl eisiau'r arian.

Wrth weithio ar Softly, Softly, roedden ni eisiau ffilmio dyn drwg yn dod allan o dŷ. Ffeindion ni dŷ addas lle roedd hen ŵr a gwraig fethedig yn byw, ac achos eu bod nhw'n methu symud o'r tŷ , roedd y teledu'n bwysig iawn iddyn nhw. Roedden nhw'n edrych yn dlawd iawn a doedd y tŷ ddim yn lân a dweud y gwir. Beth bynnag, yn ôl ein harfer, cynigion ni arian iddyn nhw am ddefnyddio'r tŷ ar gyfer y rhaglen ond gwrthodon nhw. "Dyn ni'n mwynhau *Softly, Softly* gymaint," medden nhw, "rhowch yr arian i'r tlodion." A nhwthau mor dlawd eu hunain.

Dyn ni'n cael hwyl fel criw pan dyn ni i ffwrdd yn ffilmio. Mae'r gwaith yn galed ond mae llawer o dynnu coes yn digwydd. Un tro, wrth weithio ar *Onedin Line*, aeth fy ysgrifenyddes i hebrwng ei sboner i'r gwesty am y penwythnos. Yn y cyfamser, aeth dau neu dri o'r bechgyn i'w hystafell i wneud *apple pie beds*. Cawson ni lawer o sbort ac roedd hi eisiau dial ar y bechgyn, wrth gwrs. Aethon ni i *Joke Shop* i brynu sigaréts oedd yn ffrwydro – y pryd hwnnw roedd y rhan fwyaf o bobl yn smygu – a dial arnyn nhw felly. Yn fuan wedyn – bore Sadwrn y Pasg oedd hi – roedd y fan wedi torri lawr, felly cynigiais fynd i garej i ofyn am help. Rhoddais fy ngherdyn i berchennog y garej a daeth e'n ôl a thri dyn gyda fe. "Gentlemen, we need your help," meddwn i. "As you can see from the card, my name is Geraint Morris and I'm the producer of the *Onedin Line*." Ro'n i'n smygu ar y pryd, felly fe daniais sigarét. Yn anffodus,

dewisais un o'r pecyn anghywir ac fe ffrwydrodd yn fy wyneb! "Well," meddai perchennog y garej, "it says here that you're the producer of drama series, not light entertainment!"

Geraint Morris, diolch yn fawr iawn.

GEIRFA	
nhwthau	*themselves*
hebrwng	*to escort*
sboner	*boyfriend*
dial	*to take revenge*

SHARON MORRIS – RHEOLWR GYDA DUR PRYDAIN, PORT TALBOT

GEIRFA

sicrhau	to ensure
safon	standard
uwch-reolwr	senior manager
melin	mill
arddegau	teens
uchelgais	ambition
biolegydd môr	marine biologist
gwyddorau cymhwysol	applied sciences
meteleg	metallurgy
metelegydd	metallurgist
ymchwil a datblygu	research and development
safon	standard
graddau	grades
cynhyrchu	to produce
mynnu	to insist
Glyn Ebwy	Ebbw Vale

Os ydych chi'n gyrru car Rover, Toyota, Nissan, Ford neu Vauxhall, mae'n bosib fod Sharon Morris wedi sicrhau safon uchel y dur. Hi oedd y ferch gyntaf a benodwyd yn uwch-reolwr gyda Dur Prydain ac, ar hyn o bryd, hi yw Rheolwr yr Adran Archwilio yn y felin strip oer ym Mhort Talbot. Mae'n addas iawn fod Sharon yn gweithio ym myd diwydiant gan fod gwreiddiau'r teulu ym Merthyr Tudful. Yno y treuliodd ei phlentyndod cyn symud i Abertawe yn ei harddegau cynnar. Ei huchelgais cyntaf oedd bod yn fiolegydd môr, ond newidiodd ei meddwl ar ôl mynychu diwrnod agored ym Mhrifysgol Cymru, Abertawe.

"Sylweddolais ei bod yn anodd cael swydd fel biolegydd môr wedi gadael y coleg. Doedd Ffiseg ddim yn un o'm pynciau Lefel 'A', felly doedd hi ddim yn bosib i mi astudio nifer o'r gwyddorau cymhwysol. Ond roedd meteleg yn ddewis posib. Fel mae'n digwydd, roedd ffrind i'r teulu yn fetelegydd ym Mhort Talbot, a ches gyfle i fynd i mewn i'r gwaith gyda fe. Teimlais yn syth y baswn i'n mwynhau gwneud rhywbeth tebyg, felly es i Abertawe i astudio meteleg."

Yn ystod ei chwrs, cafodd Sharon gyfle i weithio ym Mhort Talbot – un haf yn yr Adran Ymchwil a Datblygu, a'r haf canlynol yn y gwaith dur ei hun. Ar ôl graddio, dechreuodd yn yr Adran Dechnegol yng ngwaith Trostre.

"Roedd y gwaith yn amrywiol iawn – sicrhau bod y cynnyrch o'r safon uchaf, datblygu graddau newydd o ddur a chwrdd â chwsmeriaid."

Prif gwsmer Trostre oedd Carnaud Metal Box – y cwmni gwneud tuniau mwyaf ym Mhrydain sy'n cynhyrchu caniau cwrw, tuniau paent, bwyd a bwyd cŵn mewn tua deuddeg o ffatrïoedd. Roedd cwmni cwrw Felin-foel hefyd yn gwsmer a oedd bob amser yn mynnu bod y tun yn dod naill ai o Drostre neu o waith dur Glyn Ebwy.

Am ryw dair neu bedair blynedd, buodd Sharon yn gwneud gwaith prosiect yn Nhrostre:

"Basai hi wedi bod yn hawdd iawn ceisio rhedeg prosiect yn eistedd y tu ôl i ddesg a defnyddio'r ffôn. Ond roedd angen mynd allan i gwrdd â'r bobl ar lawr y ffatri er mwyn cael ymateb da. Roedd pobl yn dod i adnabod eich wyneb a hefyd ro'n i'n dod i ddeall y technegau cynhyrchu a'r problemau a allai godi."

Mae llawer o dadau a meibion yn cydweithio yn Nhrostre. Yn y gorffennol, roedd menywod hefyd yn arfer gweithio yn y gwaith tun.

"Oherwydd y traddodiad hwn, ches i ddim trafferth, er taw fi oedd yr unig ferch yn yr Adran Dechnegol ar wahân i'r ysgrifenyddesau. Pan ddechreuais yn y gwaith, ces gyngor da iawn – i fynd mas o'r swyddfa a chwrdd â phobl fel eu bod nhw'n gweld 'mod i'n gallu gwneud y gwaith cystal ag unrhyw ddyn."

Yn 1990, symudodd Sharon i weithio yn Adran Dechnegol gwaith dur gwrthstaen Pant-teg, ger Pontypŵl. Hi oedd yr unig ferch yma eto, felly roedd rhaid gwisgo dillad addas i'r ffwrnais ddur a mynd mas i wneud y gwaith.
"Efallai ei bod hi'n anodd i'r dynion ro'n i'n gweithio gyda nhw – ro'n nhw'n gorfod ymdopi â sefyllfa newydd, sef cael merch yn rhan o'r tîm. Ro'n nhw'n teimlo bod rhaid iddyn nhw beidio â rhegi, er

Sharon Morris wrth ei gwaith

enghraifft, neu ddweud jôcs amheus! Ond yn raddol, ro'n nhw'n cyfarwyddo â'r syniad 'mod i'n ferch."

Yng ngwaith Pant-teg, cynhyrchir rodiau o ddur gwrthstaen ar gyfer gwaith dur Sheffield. Yno, gwneir rhaffau dur i bontydd, a weiren i ffensys ac ar gyfer diwydiant. Roedd Sharon yn gorfod treulio dau neu dri diwrnod yn Sheffield bob yn ail wythnos er mwyn mynychu cyfarfodydd a chwrdd â chwsmeriaid. "Mae hi'n well mynd allan i gwrdd â chwsmeriaid. Gallan nhw ysgrifennu neu ffonio, ond mae'n anodd deall beth yw'r broblem a sut i'w hosgoi hi, heb wybod sut maen nhw'n defnyddio'r deunydd. Weithiau mae cwsmeriaid yn camddefnyddio'r deunydd, ac felly nid ein bai ni yw'r broblem o gwbl."

Ar ôl blwyddyn ym Mhant-teg, cafodd Sharon swydd Rheolwr yr Adran Dechnegol. Ond symudodd eto mewn blwyddyn i Bort Talbot.

GEIRFA

archwilio	to examine
arllwysir (arllwys)	is poured (to pour)
o drwch	thick
o led	wide
gorchudd	cover
cen	film
anelio	to anneal
rheiddiaduron	radiators
archwilwyr	examiners
trafod	to discuss
trafodir	is/are discussed
gwerthir	is/are sold
canolbwyntio	to concentrate
rhwd	rust
trylwyr	thorough
tuedd	tendency
brwdfrydedd	enthusiasm

Yno, fel Rheolwr yr Adran Archwilio, mae hi'n un o bedwar rheolwr o dan Reolwr Cyffredinol y felin strip oer. Mae hi'n gyfrifol am safon 33,000 tunnell o ddur yr wythnos.

"Gwneir 300 tunnell o ddur ar y tro. Arllwysir y dur i wneud slabiau hir sy'n 10cm o drwch a metr a hanner o led. Wedyn, yn y felin strip boeth, rholir y slabiau i ffurfio coiliau. Bydd 10,000 tunnell yr wythnos o'r coiliau yma'n mynd i waith tun Glyn Ebwy neu Drostre i gael gorchudd o dun. Daw 8,000 tunnell aton ni i'r felin strip oer, lle caiff ei biclo mewn asid i dynnu unrhyw gen ac yna ei werthu. Ond ar ôl ei biclo, rholir 25,000 tunnell yn oer i'w wneud yn deneuach. Mae hyn yn ei galedu hefyd, felly rhaid ei anelio er mwyn ei feddalu. Caiff ei rolio eto a'i dorri i'w werthu i'r diwydiant ceir, i gwmnïau gwneud rheiddiaduron ac i wneud drymiau olew a bwyd."

Er mwyn sicrhau safon uchel, rhaid cael archwilwyr i edrych ar bob rhan o'r broses yn y felin strip oer – y piclo, y rholio a'r anelio. Wrth gwrs, gall problem yn y felin strip boeth effeithio ar safon y dur, felly bydd Sharon yn cydweithio â'r rheolwyr

yno hefyd. Rhaid iddi fynychu nifer o gyfarfodydd bob wythnos. Bob bore, cynhelir cyfarfod i drafod cynnyrch y felin strip oer yn ystod y pedair awr ar hugain blaenorol. Hefyd, trafodir unrhyw broblemau, unrhyw gwynion gan gwsmeriaid ac unrhyw ddatblygiadau newydd. Ar ddydd Mawrth, cynhelir cyfarfodydd mewnol yr Adran Archwilio ac ar ddydd Mercher, trafodir y cynnyrch a werthir i'r diwydiant ceir. Bob prynhawn Iau, bydd y rheolwyr yn cyfarfod i drafod gwaith timau sy'n canolbwyntio ar agweddau arbennig, fel rhwd – o ble mae'n dod a sut mae cael gwared arno.

"Rydyn ni wedi bod yn cydweithio llawer â Nippon Steel o Japan i weld sut maen nhw'n taclo problemau. Maen nhw'n drylwyr iawn wrth ddilyn rheolau cynhyrchu. Ein tuedd ni yw taclo'r broblem yn llawn brwdfrydedd ac yna anghofio am ddilyn rheolau nes i'r broblem godi eto."

Bob hyn a hyn, bydd Sharon yn mynd i gwrdd â chwsmeriaid yn y diwydiant ceir. Bydd hi'n cyfarfod â Rover a Nissan bob chwarter a bydd yn teithio i gwrdd â Toyota bob mis. "Os yw Toyota yn cwyno am safon y dur, mae'n rhaid mynd i'w gweld yn amlach. Dw i'n falch iawn taw dim ond un gŵyn sydd wedi bod yn y chwe mis diwethaf. Maen nhw'n mynnu cael dur o'r safon uchaf ac yn anodd eu plesio. Mae hyn wedi codi ein safonau yn gyffredinol, felly byddwn yn medru cadw ein siâr o'r farchnad."

Yn ystod ei gyrfa gyda Dur Prydain, mae Sharon Morris wedi teithio dramor nifer o weithiau ac mae sawl tro trwstan wedi digwydd: "Y tro cyntaf es i dramor, ro'n i wedi cael fy nanfon i Baris o waith Trostre. Ro'n i wedi trefnu cyfarfod â chydweithiwr i mi yn ein gwesty, ond wrth i mi gerdded yn ôl, sylweddolais 'mod i yng nghanol protest gan Ffrynt Genedlaethol Ffrainc. Roedd rhaid i mi guddio mewn siop i ddianc rhag pastynau'r heddlu terfysg!"

Aeth Sharon i Iwgoslafia bedair gwaith, gan aros mewn gwesty o'r dauddegau lle roedd bwyd oer, chwilod du a dim plwg yn y bath. Dim ond weithiau roedd y lifft yn gweithio, felly roedd rhaid mentro i fyny'r grisiau, a hynny heb help golau!

"Roedd y bobl yn groesawgar dros ben, er 'mod i'n poeni ychydig y tro cyntaf i mi gyrraedd yno. Doedd neb yn fy nisgwyl yn y maes awyr, felly arhosais am rai munudau wrth yr allanfa. Yna, eisteddais am oesoedd nes i mi glywed uchelseinydd yn galw fy enw. Roedd rhywun yno wedi'r cyfan. Yr unig ddisgrifiad ro'n nhw wedi ei gael oedd 'mod i tua phum troedfedd pum modfedd ac yn gwisgo sbectol. Felly, ro'n nhw wedi bod yn disgwyl gwraig ganol oed yn hytrach na merch bum mlwydd ar hugain!"

Cafodd Sharon sawl math o frandi'n anrhegion o Iwgoslafia. Yn anffodus, doedd neb yn gallu eu hyfed. "Roedd pawb yn meddwl bod y brandi eirin ges i'n swnio'n hyfryd, ond roedd yn gwbl amhosib ei yfed. Mae un brandi gwyrdd gyda fi ers deng mlynedd – mae'r botel yn bert iawn, ond dw i'n defnyddio'r brandi i godi staeniau ar bren os dw i'n dodi rhywbeth rhy boeth ar y ford!"

Yn ddiweddar, buodd Sharon yn Japan yn ymweld â ffatri Toyota ac yn treulio pythefnos gyda Nippon Steel. Y bwriad yw gweld sut gall Dur Prydain weithredu'n debycach i'r cwmni o Japan i arbed amser ac egni.

"Roedd bwyta allan yn ddrud iawn yn Japan – tua £120 y pen, gyda

GEIRFA

gwymon	seaweed
cocos	cockles
sgwn i	I wonder
rhag-weld	to foresee
gwrthsefyll	to resist
o ran	in the case of

phob diod yn costio tua phum punt. Pan gawson ni fwyd gyda Toyota, roedd pawb yn ein gwylio'n bwyta'r octopws – roedd rhaid cnoi a chnoi! Ar y diwrnod ola, aethon ni i fwyta *sushi* (reis wedi'i lapio mewn gwymon a darn o bysgod ar ei ben) mewn bwyty bach. Roedd powlen fach yno'n llawn cocos. Roedd pawb yn yfed y dŵr ac yna'n bwyta'r cocos. Dw i'n cofio meddwl – sgwn i beth fasai mam yn ei ddweud tasai hi'n fy ngweld i nawr, yn yfed dŵr cocos yn Japan! Ond daeth y bowlen yn ddefnyddiol iawn i guddio darnau o bysgod do'n i ddim yn eu hoffi."

Beth am y dyfodol yn Nur Prydain? Mae Sharon yn rhag-weld y bydd y diwydiant ceir yn cynhyrchu ceir fydd yn medru gwrthsefyll damweiniau'n well. Felly, bydd rhaid datblygu graddau cryfach o ddur ysgafn. O ran ei dyfodol hi, y cam nesaf i Sharon fyddai swydd rheolwr yr adrannau technegol ym Mhort Talbot a Llanwern. Gobeithio y bydd ei gyrfa lwyddiannus yn parhau.

Gyrfa Sharon Morris

1980 Gwaith Trostre, Llanelli. Dechrau o dan hyfforddiant yn yr Adran Dechnegol
Dringo hyd at swydd Rheolwr yr Adran Dechnegol
Teithio i Iwgoslafia a Ffrainc
1990 Gwaith dur gwrthstaen Pant-teg. Rheolwr yr Adran Dechnegol
1992 Rheolwr yr Adran Archwilio yn y Felin Strip Oer ym Mhort Talbot
Teithio i Japan (1993) a Thwrci (1995)

SGWRS Â SIÔN WYN – CYFARWYDDWR CWMNI CYFRIFIADURON

Pryd dechreuodd dy ddiddordeb mewn cyfrifiaduron?

Yn hogyn bach, roedd gen i ddiddordeb mawr yn y dyfodol, technoleg a'r gofod, ac roedd cyfrifiaduron yn rhan o'r dyfodol cyffrous hwnnw. Roeddwn yn ffodus iawn i gael athrawon ardderchog yn y pwnc yn Ysgol Dyffryn Conwy, Llanrwst – Mrs Megan Roberts a Mr Dave Williams. Mae'r ysgol yn flaengar yn y maes o hyd.

Sut datblygodd dy yrfa?

Ar ôl astudio Cyfrifiadureg a'r Gwyddorau yn yr ysgol, mi es i Brifysgol Cymru, Aberystwyth. Dechreuais ar gwrs cyfun – Gwyddor Cyfrifiadur ac Athroniaeth, ond yn y pen draw, dewisais athroniaeth yn unig. Roeddwn i'n teimlo bod athroniaeth yn llawer mwy diddorol. Hefyd sylweddolais eich bod yn gallu dysgu am gyfrifiaduron mewn diwydiant, ond mai prifysgol yw'r lle gorau i astudio athroniaeth. Wedyn, penderfynais ddilyn cwrs blwyddyn i fod yn athro ysgol gynradd. Ar ddiwedd y cwrs, cefais gynnig dwy swydd yn ystod yr un wythnos – un i fod yn athro ysgol gynradd yn sir Fôn, a'r llall i fod yn rhaglennydd i gwmni meddalwedd yn Abingdon, ger Rhydychen. Er i mi gysidro mynd yn athro, penderfynais fynd i mewn i ddiwydiant er mwyn cael dysgu mwy am faes cyfrifiaduron. Ar ôl cyfnod yno ac wedyn gyda chwmni arall yn swydd Gaer, mi ymunais â ffrind ysgol a choleg oedd wedi cychwyn cwmni cyfrifiaduron bach ei hun. Nawr mae gennym ni dros 30 o staff a swyddfeydd yn Llanelwy, Northwich a Milan. Mae'r cwmni'n arbenigo mewn meddalwedd o safon uchel.

Beth yn union yw'r gwaith ar hyn o bryd – os nad yw hynny'n rhy gymhleth?!

Mae'r cwmni, F J Systems Cyf., wedi dewis arbenigo ar y diwydiant fferyllol lle mae naw deg y cant o'n gwaith. Ar un llaw rydyn ni'n creu a chynllunio meddalwedd ar gyfer cynhyrchu cyffuriau, tabledi a hufenau, ac ar y llaw arall rydyn ni'n gwneud gwaith ymgynghorol i'r cwmnïau fferyllol. Gan fod byd cyfrifiaduron yn newid mor gyflym, rhaid ymchwilio i farchnadoedd newydd a datblygiadau newydd. I raddau, rhaid dyfalu sut bydd y diwydiant yn newid er mwyn i'r cwmni fedru datblygu a newid.

GEIRFA

cyfarwyddwr	director
cyfrifiadur(on)	computer(s)
blaengar	progressive
cyfrifiadureg	computer studies
gwyddorau	sciences
athroniaeth	philosophy
rhaglennydd	programmer
meddalwedd	software
cysidro	to consider
fferyllol	pharmaceutical
cyffur(iau)	drug(s)
gwaith	consultancy
ymgynghorol	work
ymchwilio	to investigate, to research
dyfalu	to guess

Dw i hefyd yn ddarlithydd gwadd yn Adran Gwyddor Cyfrifiadur Prifysgol Cymru, Aberystwyth, er mwyn cryfhau'r cysylltiadau rhwng y byd academaidd a byd diwydiant. Bydd myfyrwyr ar eu blwyddyn ddiwydiannol yn treulio amser gyda'r cwmni a byddwn yn cyflogi graddedigion a myfyrwyr MSc o'r Adran. Yn ogystal, byddwn yn cymryd rhan mewn prosiectau gyda'r Adran fel cynrychiolwyr o ddiwydiant.

Pam penderfynodd y cwmni gael swyddfa ym Milan?

Roedd tri o bobl yn y cwmni wedi treulio eu blynyddoedd diwydiannol yn yr Eidal ac yn siarad Eidaleg yn rhugl. Roedd un cwsmer pwysig gennyn ni yn yr Eidal ac roedden ni eisiau ennill mwy o gwsmeriaid gan ddefnyddio'r staff oedd yn siarad yr iaith. Yn ogystal, mae gogledd yr Eidal yn bwysig iawn yn ein maes ni.

Siôn Wyn wrth ei gyfrifiadur

Oes trefn arbennig i'r dydd neu'r wythnos?

Nac oes, dim o gwbl. Ond dw i'n cyfarfod ag un cwsmer o leiaf yn ystod yr wythnos.

Wyt ti'n treulio llawer o amser o flaen cyfrifiadur?

Nac ydw, heblaw am ddefnyddio cyfrifiadur fel prosesydd geiriau. Ond rydyn ni newydd gael cysylltiad â'r Internet, felly dw i'n rhag-weld y bydda i'n treulio mwy o amser yn y dyfodol!

Pa ddatblygiadau rwyt ti'n eu rhag-weld i'r dyfodol ym myd cyfrifiaduron?

Mae llawer o ddatblygiadau ar y gweill. Bydd mwy o gysylltu rhwng cyfrifiaduron – a rhwydweithiau lleol a byd-eang, fel yr Internet, yn dod yn bwysicach. Yn ogystal, bydd cyfrifiaduron yn mynd yn llai ac yn fwy grymus. Bydd y gwahaniaeth rhwng cyfrifiaduron a theclynnau fel y ffôn a'r ffacs yn mynd yn llai a'r bwlch rhwng cyfrifiaduron a chyfathrebu'n diflannu. Bydd y dechnoleg rhithwirionedd yn llamu ymlaen yn y blynyddoedd nesaf, e.e. gyda gemau yn y cartref.

Sut baset ti'n cynghori pobl ifanc hoffai weithio ym maes cyfrifiaduron?

Baswn yn eu cynghori i geisio ennill gradd dechnegol berthnasol sy'n cynnwys llawer o waith ymarferol, ond sydd hefyd yn dysgu egwyddorion peirianneg meddalwedd.

Wyt ti'n treulio dy oriau hamdden yn chwarae gemau cyfrifiadur?

Nac ydw – mae gemau cyfrifiadur mor gymhleth a soffistigedig fel bod angen gormod o amser i ddysgu amdanyn nhw! Ond rwy'n edrych ymlaen at gemau rhithwirionedd yn y cartref – dw i eisiau un, plîs! Mae gen i ddiddordebau eang iawn y tu allan i 'ngwaith. Dw i wrth fy modd efo chwaraeon, yn arbennig pêl-droed a rasio ceir. Dw i wedi mynychu pob *Grand Prix* ym Mhrydain er 1985 a dw i'n cyfrannu i raglen chwaraeon Radio Cymru, *Ar y Marc* bob ryw fis neu ddau. Dw i'n mwynhau darllen llenyddiaeth yr ugeinfed ganrif, ac yn

arbennig gwaith James Joyce a T.S.Eliot. Dw i'n mynd draw i Ddulyn i ŵyl Bloomsday sydd wedi ei sylfaenu ar nofel James Joyce, *Ulysses*. Cynhelir yr ŵyl ar 16eg o Fehefin bob blwyddyn gan fod y nofel i gyd yn digwydd ar y diwrnod hwnnw. Bydd pobl yn gwisgo fel cymeriadau o'r nofel ac yn dilyn ôl troed y prif gymeriad o gwmpas Dulyn. Dw i wrth fy modd efo'r nofel. Mae'n ddoniol, ond mae'n ddifrifol hefyd. Mae rhywbeth ynddi i bawb – crefydd, athroniaeth, twyll, rhamant, rhyw a thrais – *blockbuster* go iawn! Mae llawer o yfed Guinness yn y llyfr, ac felly hefyd yn yr ŵyl! Dw i'n hoff iawn o ffuglen wyddonol hefyd, yn arbennig awduron fel William Gibson, Iain M.Banks a J.G.Ballard. Bydda i'n gwrando ar gerddoriaeth glasurol, yn arbennig Beethoven a chyfansoddwyr o'r ugeinfed ganrif fel Sibelius, Bartók a Stravinsky. Ond hefyd cerddoriaeth roc – grwpiau mor amrywiol â The Fall a Steely Dan. Dw i hefyd yn canu'r gitâr drydan ac yn defnyddio cyfrifiadur i reoli *synth*.

Diolch yn fawr iawn.

GEIRFA	
rhithwirionedd	*virtual reality*
llamu	*to leap*
cynghori	*to advise*
peirianneg	*software*
meddalwedd	*engineering*
cymhleth	*complex*
twyll	*fraud, deception*
rhamant	*romance*
rhyw	*sex*
trais	*violence*
ffuglen wyddonol	*science fiction*
rheoli	*to control*

45

SGWRS Â MARY LLOYD JONES – ARLUNYDD

Mae Mary Lloyd Jones yn arlunydd amser-llawn ers rhai blynyddoedd ac mae galw am ei gwaith yng ngwledydd Prydain, Ewrop ac America. Cafodd ei disgrifio fel "un o dirlunwyr mwyaf anturus Cymru."

Sut dechreuoch chi fagu diddordeb mewn arlunio?

Cymry cyffredin oedd fy nheulu a chefais fy magu ym Mhontarfynach, ryw ddeuddeg milltir i'r dwyrain o Aberystwyth. Doedd dim llawer o blant yr un oedran â mi yn yr ardal ac roedd fy mrawd yn iau na mi, felly ro'n i'n treulio llawer o amser yn tynnu llun neu wneud portreadau o'r teulu. Gan fod fy rhieni'n gefnogol, ro'n i'n gwneud mwy, wrth gwrs. Doedd dim cyfle i arlunio yn yr ysgol gynradd fel sydd heddiw, dim ond gwnïo – gobenyddion a phethau felly.

Pan es i Ysgol Uwchradd Ardwyn yn Aberystwyth, ro'n i'n edrych ymlaen yn fawr at gael gwersi arlunio, ond ches i ddim llawer o ysbrydoliaeth tan y bedwaredd flwyddyn, pan ddaeth athro celf newydd. Roedd yr athro hwn yn *edrych* fel athro celf – roedd e'n gwisgo *beret* ac roedd barf goch fel

van Gogh ganddo. Cefais lawer o gefnogaeth a phan ddaeth yn amser i mi ddewis mynd i goleg, penderfynais fynd i Goleg Celf, er bod pawb arall yn mynd naill ai i Aberystwyth neu i Fangor i fod yn athrawon, cyfreithwyr ac ati. Dw i ddim yn cofio bod neb arall o 'mlaen i yn yr ysgol wedi mynd i Goleg Celf.

Pam dewisoch chi fynd i Gaerdydd?

Mater o roi pin yn y map oedd hi, a dweud y gwir. Roedd llawer o fyfyrwyr brwdfrydig iawn yn y Coleg Celf ond doedd y dysgu ddim yn wych. Chafodd dim un o'r athrawon ddylanwad cryf arna i – efallai bod hynny wedi bod yn beth da, achos ces gyfle i ddatblygu fy arddull. Beth bynnag, ar ôl pedair blynedd, cefais ddiploma mewn peintio. Peintio oedd fy mhrif ddiddordeb, a taswn i wedi bod yn ddyn, mae'n debyg baswn i wedi cael cyngor i fynd i'r Coleg Brenhinol neu Slade a bod yn ARCA. Dw i'n difaru nawr nad es i. Ond ar y pryd, doedd yr athrawon ddim yn cymryd merched o ddifrif, felly doedd merched ddim yn uchelgeisiol. Dw i'n cofio un athro'n dweud: "You'll never pick up a paint brush after you leave." Felly, fel pawb arall bron fuodd ar y cwrs, arhosais am flwyddyn arall yng Nghaerdydd i wneud ymarfer dysgu. Ro'n i wedi priodi erbyn hynny â John oedd wedi arbenigo mewn argraffu yn y Coleg Celf – roedd pobl yn tueddu i briodi'n gynnar yn y pumdegau. Dw i wedi bod yn lwcus iawn achos mae e wedi bod yn awyddus i mi ddatblygu fy ngyrfa – yn aml iawn pan fydd pobl yn yr un maes yn priodi, bydd y merched yn anghofio am eu gyrfa nhw.

Am gyfnod wedyn, buoch chi'n athrawes, yn fam ac yn wraig tŷ, on'd do?

Do – bues i'n dysgu yn Lloegr cyn i ni symud 'nôl i Geredigion i fyw. Yn ogystal â magu'r ddwy ferch, bues i'n athrawes, yn ddarlithydd gwadd yng Ngholegau Celf Abertawe a Dyfed ac yn ddarlithydd yn Adran Efrydiau Allanol Aberystwyth. Ganol yr wythdegau cefais swydd amser-llawn yn datblygu'r celfyddydau gweledol yn Nyfed am dair blynedd. Yna penderfynais fod yn arlunydd amser-llawn ar ôl treulio mis mewn Canolfan i Arlunwyr – Canolfan Tyrone Guthrie yn Iwerddon.

Oedd hwn yn benderfyniad anodd?

Oedd, i raddau. Ond roedd pobl wedi bod yn dweud wrtha i ers blynyddoedd y dylwn i roi cynnig arni. Arhosais nes i'r merched adael cartref cyn mentro – erbyn hyn wrth gwrs, dw i'n difaru na faswn i wedi gwneud yn gynt.

Ydych chi fel merch yn cael eich derbyn gan y byd celf?

Yn anffodus, rhaid dweud bod llawer o ragfarn yn erbyn merched yn y byd celf. Ro'n i wedi profi agweddau rhywiaethol dynion pan o'n i'n y coleg, wrth gwrs. Yna, pan o'n i'n dysgu – rhywbeth rhan-amser oedd y gwaith i ferched yn aml, a dynion oedd y penaethiaid adrannau o hyd. Mae hanes hir i'r rhagfarn hon. Dim ond yn ddiweddar mae merched wedi cael hyfforddiant mewn celf, felly dim ond merched oedd â thad neu frawd yn peintio oedd yn cael bod mewn awyrgylch stiwdio yn y gorffennol. Mae gwaith llawer o ferched wedi cael ei ailddarganfod yn ddiweddar, gan fod pobl yn meddwl mai gwaith y tad neu'r brawd oedd e cyn hyn. Hyd yn oed heddiw, mae llai o waith merched

GEIRFA	
ymarfer dysgu	teaching practice
argraffu	to print, printing
awyddus	eager, keen
darlithydd gwadd	guest lecturer
celfyddydau gweledol	visual arts
i raddau	to a certain extent
mentro	to venture
rhagfarn	prejudice
rhywiaethol	sexist
pennaeth adran (penaethiaid adrannau)	head(s) of department
hyfforddiant	training
ailddarganfod	to rediscover

GEIRFA

arbrofi	*to experiment*
haniaethol	*abstract*
ysbrydoliaeth	*inspiration*
denu	*to attract*
anial	*deserted, bare*
brwynog (brwyn)	*having reeds* (reeds)
braslun(iau)	*sketch(es)*
dyfrliw	*watercolour*
addawol	*promising*

mewn amgueddfeydd a rhaid i mi hefyd frwydro yn erbyn hyn.

Ydy eich gwaith chi wedi newid dros y blynyddoedd?

Ydy, mae'n debyg. Treuliais lawer o amser yn arbrofi â gwahanol arddulliau yn y gorffennol. Ond dros ugain mlynedd yn ôl, dangosodd fy modryb gwilt i mi oedd wedi cael ei wneud gan fy hen fam-gu a fu farw yn 1901. Mae'r cwilt gen i o hyd, yn hongian yn y lolfa. Roedd hi wedi defnyddio lliwiau mewn ffordd arbennig iawn, ffordd haniaethol. Felly, er bod merched ddim yn cael arlunio, roedden nhw'n artistiaid yn eu ffordd eu hunain. Sylweddolais mai dyna'r traddodiad ro'n i'n perthyn iddo, ac ar ddechrau'r wythdegau dechreuais beintio gan ddefnyddio lliwiau mewn ffordd ddramatig. Does dim byd yn fwy cyffrous na chwarae â lliwiau – dyna pam dw i'n peintio. Dw i'n mwynhau defnyddio lliwiau pur, heb eu cymysgu ac mae rhai wedi disgrifio fy ngwaith fel "symffoni o liw"!

Mary Lloyd Jones yn ei stiwdio

O ble dych chi'n cael eich ysbrydoliaeth?

Byd natur a mannau gwyllt sy'n fy nenu i. Bydda i'n mynd allan yn y car ac yn gyrru i'r mynyddoedd – mae'r tirlun anial a brwynog o amgylch Pontarfynach, fy nghartref, yn ysbrydoliaeth fawr. Ar ôl tynnu brasluniau am ddiwrnod, bydda i'n eu datblygu'n syth, gan wneud astudiaethau gyda phensil ar bapur dyfrliw. Bydda i'n ceisio pwysleisio siapiau yn y tir. Os yw'r syniadau yma'n addawol, bydda i'n eu datblygu'n lluniau mawr olew.

Oes patrwm i'ch diwrnod gwaith?

Pan dw i'n gweithio ar lun, rhaid cael digon o oriau clir yn y dydd. Mae'n cymryd tipyn o amser i ymgolli yn y gwaith, ond unwaith i mi ddechrau, bydda i'n gweithio drwy'r dydd tan tua pump o'r gloch. Bob hyn a hyn, bydda i'n cael egwyl ac yn edrych ar y gwaith yn wrthrychol unwaith eto. Bydda i'n ceisio peintio fwy neu lai bob dydd – weithiau bydd rhaid mynd â gwaith i'w fframio ac wrth gwrs os oes angen defnyddiau, bydd rhaid gwneud ambell drip i Lundain.

Oes llawer o waith gweinyddol?

Oes, dyna un anfantais. Mae gweinyddu a marchnata'n cymryd rhyw draean o'r amser. Gan fod darluniau gen i mewn gwahanol arddangosfeydd, mae angen gwneud yn siŵr eu bod nhw i gyd yn dod 'nôl ar ddiwedd yr arddangosfa. Bydda i'n cadw cofnod hefyd o'r lluniau sy'n cael eu fframio ac yn danfon sleidiau o luniau i orielau er mwyn cael arddangos yn y dyfodol. Rhan braf y gwaith yw peintio'r lluniau!

Dych chi wedi cael cyfle i weithio oddi cartref hefyd?

Ydw, ces gyfle rai blynyddoedd yn ôl i dreulio tri mis yn Ucheldir yr Alban. Roedd cael profiad o gyfnod preswyl fel hyn yn wych – ro'n i'n byw ar fy mhen fy hun mewn fflat heb ffôn na gwaith tŷ, ac felly wrthi'n gweithio o hyd. Ro'n i'n treulio chwarter yr amser yn gwneud gwaith gyda'r gymuned – yn dysgu dosbarth nos yn Inverness a chwrs pedwar diwrnod i fyfyrwyr chweched dosbarth. Bues yn dysgu hefyd yn y Coleg Gaeleg ar Ynys Skye. Ces i fy ysbrydoli'n fawr gan y tirlun yno ac mae nifer o'r darluniau a beintiais wedi cael eu harddangos yn yr Alban ac yng Nghymru.

Roedd y profiad yn Efrog Newydd yn gyffrous iawn. Taith gyfnewid oedd hi – es i i aros yn Philadelphia gyda Kathy Quigley, a daeth hithau i Gymru ata i. Ro'n i'n rhannu stiwdio gyda hi yn Efrog Newydd – adeilad yn llawn o arlunwyr. Dysgais lawer am sut i gyflwyno gwaith i orielau i gael arddangosfa ac erbyn hyn, dw i wedi cael arddangosfa yn Efrog Newydd. Ces gyfle i deithio i India hefyd yn ddiweddar – roeddwn i'n diwtor ar daith beintio yno, ac roedd hwnnw'n brofiad arbennig iawn.

GEIRFA

ymgolli	to lose oneself
gwrthrychol	objective
gweinyddol	administrative
gweinyddu	to administrate
marchnata	to promote, to market
traean	a third
arddangosfa(-feydd)	exhibition(s)
cofnod	record
Ucheldir yr Alban	Scottish Highlands
cyfnod preswyl	residency
wrthi'n gweithio	at it, working hard
tirlun	landscape
arddangos	to exhibit
taith gyfnewid	exchange trip
cyflwyno	to submit, to present

Ydy agwedd y Cymry Cymraeg at gelf yn gwella?

Dw i'n credu ei fod e. Pan ddechreuais i beintio, doedd dim diddordeb o gwbl yn fy ngwaith a doedd dim syniad gyda phobl beth ro'n i'n treio ei wneud. Ond dw i'n credu bod mwy o'r to ifanc yn cefnogi gwaith o Gymru – efallai bod S4C wedi creu hyder newydd. Erbyn hyn dw i'n gwerthu tipyn mewn oriel yng Nghaerdydd. Serch hynny, yn America neu yn Ewrop, mae llawer mwy o ddiddordeb mewn celfyddyd weledol a bydd pobl ifanc yn prynu gwaith celf gwreiddiol cyn prynu dodrefn! Ond yng Nghymru neu Loegr, rhaid i arlunwyr ifanc fod yn benderfynol iawn – heb hynny, byddan nhw'n diflasu. Hyd yn oed pan ych chi'n eitha llwyddiannus, bydd pobl yn gwrthod eich gwaith, felly rhaid bod yn groendew.

Beth yw eich barn am y sefyllfa yn orielau Cymru?

Mae rhagfarn yn erbyn artistiaid o Gymru gan Amgueddfa Genedlaethol Cymru ac orielau eraill. Yn aml iawn, mae'r gweinyddwyr yn dod o Loegr ac maen nhw eisiau mynd 'nôl i gael swyddi gwell yno. Er mwyn creu argraff, maen nhw'n dod â gwaith i mewn o'r tu fas i Gymru, yn hytrach na chefnogi arlunwyr lleol. Dyw hyn ddim yn digwydd yn Iwerddon na'r Alban – diffyg asgwrn cefn gan y Cymry sy'n gyfrifol, dw i'n credu. Er ei bod yn anodd peidio diflasu, does dim pwynt meddwl gormod am ochr negyddol y byd celf.

Mary Lloyd Jones, diolch yn fawr iawn.

Pigion Gyrfa Mary Lloyd Jones

1955	Ennill diploma mewn peintio o Goleg Celf Caerdydd
1956	Ennill diploma dysgu celf o Goleg y Brifysgol, Caerdydd
1956-67	Dysgu mewn ysgolion uwchradd yn Essex a Cheredigion
1968-85	Darlithio yng Ngholeg Celf Abertawe, Coleg Celf Dyfed ac Adran Efrydiau Allanol Prifysgol Cymru, Aberystwyth
1985-88	Swyddog Celfyddydau Gweledol i Ddyfed
1988	Treulio mis yng Nghanolfan Tyrone Guthrie i artistiaid yn Iwerddon
1989	Gweithio'n llawn-amser fel arlunydd
1989	Cyfnewid stiwdio â Kathy Quigley, Philadelphia, U.D.A.
1993	Treulio tri mis yn Ucheldir yr Alban
1995	Teithio fel tiwtor ar gwrs celf yn India

SGWRS Â SAM ROBERTS – DRINGWR

Mae Sam Roberts wrth ei fodd yn y mynyddoedd ac yn un o ddringwyr enwocaf Cymru. Mae'n gweithio yn Eryri – mae'n Uwch Warden yn y Parc Cenedlaethol – ond am ei gariad at ddringo a hedfan mae'r sgwrs.

Sut dechreuoch chi ymddiddori mewn dringo?

Er i mi gael fy magu ar odre Eryri, yng Nghaernarfon, doedd hi ddim yn hawdd i ddechrau. Pan oeddwn i'n ifanc, roedd pobl leol yn meddwl mai pennau bach o Loegr oedd yn mynd i fynydda: roedden nhw'n mentro eu bywydau ar y creigiau ac yn peryglu bywydau'r rhai oedd yn gorfod mynd allan i chwilio amdanyn nhw. Morwr oedd fy nhad; pysgota a phêl-droed oedd ei bethau fo yn ei amser hamdden ac roedd o'n gobeithio y baswn i'n chwaraewr pêl-droed. Ond am ryw reswm, roedd y mynyddoedd yn denu.

Yn ystod yr haf, roeddwn i'n gweithio ar y cei yng Nghaernarfon yn llogi cychod. Wrth weld y dringwyr 'ma efo'u paciau mawr a'u rhaffau, roeddwn i'n meddwl – mae'n rhaid bod rhyw ddaioni mewn dringo. Felly dyma fynd ati i fenthyg darnau o raff

o'r cychod a mynd efo ffrind i ardal Llanberis i ddechrau dringo. Doedd dim llawer o syniad efo ni beth i'w wneud a dw i'n credu i ni ddychryn mwy na chael pleser. Ond roedd 'na fynyddwr profiadol yn byw yn lleol ac mi ddaru o ein rhoi ni ar ben ffordd. Mi ddangosodd i ni sut i ddefnyddio rhaff ddringo ac mi awgrymodd i ni roi cynnig ar ddringfa "Gashed Crag" ar wyneb dwyreiniol Tryfan.

Mi ddaethon ni o hyd i'r ddringfa – crib serth efo hollt tua hanner ffordd i fyny, fel tasai cawr wedi cymryd bwyell a thorri talp o'r grib. Rhyngddon ni, mi ddringon y grib efo cymysgedd o ofn a phleser a chyrraedd copa Tryfan a'r ddau faen mawr, Adda ac Efa. Dw i'n cofio'n glir, edrych i lawr Dyffryn Ogwen, dros sir Fôn, dros Fôr Iwerddon a gweld mynyddoedd Iwerddon yn y pellter. Roedd yn deimlad gwych. Wrth gwrs, erbyn i ni gyrraedd yn ôl i lawr i Ddyffryn Ogwen, roedd hi'n dechrau tywyllu ac roedd rhaid bodio'n ôl i Gaernarfon. Roedden ni braidd yn hwyr, felly roedd ein rhieni'n poeni ac roedd pobl yn chwilio amdanon ni. Dweud y drefn wnaeth pawb ar ôl i ni gyrraedd

GEIRFA

ymddiddori	to take an interest
er i mi	although I was
godre Eryri	the lower edges of Snowdonia
pennau bach	bigheads
mynydda	mountaineering
mentro	to risk
denu	to draw, to attract
cei	quay
llogi	to hire
mi ddaru o ein rhoi ni ar ben y ffordd	he taught us the ropes (daru + verb-noun = past tense)
awgrymu	to suggest
rhoi cynnig ar	to attempt
dringfa	climb
wyneb dwyreiniol	eastern face
crib	ridge
serth	steep
hollt	gap, cleft
fel tasai cawr	as if a giant
bwyell	axe
talp	lump
copa	peak
maen	stone
bodio (bawd)	to hitch-hike
dweud y drefn	to chastise
mwynhad	pleasure
dweud y drefn	chastise

GEIRFA

brathu	to bite
mwynhad	enjoyment
pensaernïaeth	architecture
tynfa	attraction
rhyw weithio	'sort of' working
pensaer	architect
pàs	a lift
blwyddyn gron	a whole year
magu blas	to acquire a taste

adre. Ond rŵan, roeddwn i'n deall pam roedd pobl yn dŵad i'r ardal i ddringo ac roeddwn i hefyd wedi fy mrathu â mwynhad mynydda.

Ar ôl hynny, roeddwn i'n mynd allan i'r mynyddoedd bob cyfle. Treuliais flwyddyn yn Lerpwl mewn Coleg Pensaernïaeth ond roedd y pleser o fynydda yn Ardal y Llynnoedd ac yn swydd Derby yn gryfach na'r dynfa i wneud gwaith, felly ches i ddim gwahoddiad i fynd 'nôl ar ôl y flwyddyn gyntaf! Roeddwn i gartre wedyn, yn ddi-waith, heb fod yn siŵr iawn beth i'w wneud. Mi gychwynnais ryw weithio efo pensaer yng Nghaernarfon, ond pharodd y swydd honno ddim yn hir ar ôl i mi fynd i ddringo i'r Alpau am fis. Felly roeddwn i'n ddi-waith eto ac yn treulio'r dyddiau yn y mynyddoedd. Un

Sam Roberts – seibiant wrth ddringo crib ddeheuol Augill Noir de Putery yn 1973

diwrnod, mi gefais bàs yn ôl i Gaernarfon gan "Commandos" mewn Land Rover. Mi sonion nhw eu bod nhw'n cael eu talu am fynd allan i'r mynyddoedd, felly mi benderfynais ymuno â'r Royal Marines.

Gawsoch chi lawer o gyfle i ddringo?

Wel, welais i ddim un graig am flwyddyn gron – mi ddysgon nhw i mi sut i fartsio, saethu gwn a sut i fyw yn y wlad heb fwyd ac ati. Roeddwn i allan yn Aden a'r Arabiaid yn saethu ata i, a finnau'n meddwl: "Pryd dw i'n mynd i gael dringo?" Yn ffodus, mi gawson ni fis o *leave* a chyfle i fynd i ddringo Mount Kenya. Gan fod y mynydd ryw 17,000 o droedfeddi o uchder, roeddwn i'n teimlo 'mod i wedi gwneud rhywbeth arbennig a hefyd wedi magu blas at fynyddoedd mawr. Drwy weddill yr amser yn y fyddin, mi fanteisiais ar bob cyfle i ddringo – Mount Cook yn Seland Newydd ac Ynys Ellesmere ger Pegwn y Gogledd, sy'n perthyn i Canada. Ces brofiad arbennig yno, sef cyrraedd copa am y tro cyntaf. Roedd hi'n wych meddwl mai 'nhraed i a 'nghyfeillion oedd y rhai cyntaf i sefyll ar y copa a chael cyfle i'w enwi. Gan ein bod gyda'r fyddin, mi awgrymon ni "Commando Peak" i lywodraeth Canada. Erbyn hyn, mae'r enw i'w weld mewn atlasau, rhywbeth dw i'n falch iawn ohono.

Gawsoch chi brofiadau arbennig eraill ar y daith honno?

Do'n wir. Roedd hi'n wych medru mynd yn agos iawn at rai anifeiliaid, ysgyfarnog, er enghraifft. Doedden nhw erioed wedi gweld dyn o'r blaen ac felly roedden nhw'n ddi-ofn. Ond, un tro, mi gawson ni ein hela gan Muskox, math o fyffalo mawr â chyrn, o'r môr i fyny i'r mynyddoedd. Mi guddiodd o y tu ôl i graig yn barod i ruthro aton ni, ond mi redon ni'n ôl am y môr ac i ddiogelwch ein gwersyll.

Yn fuan wedyn, gadawsoch y fyddin a chael swydd Warden ym Mharc Cenedlaethol Eryri.

Do, dyna chi, ar ôl blwyddyn yn hyfforddi yn y Joint Service Mountain Centre yn yr Alban, lle dois i adnabod llawer o bobl a chael profiad o ddringo rhew ac eira. Roedd cael y swydd 'nôl ym Mharc Cenedlaethol Eryri'n wych wrth gwrs. Er nad yw hi'n bosib i mi ddringo drwy'r amser, mae hi'n bosib i mi grwydro a chyfarfod â llawer o bobl sy'n cael pleser o fynydda. Dyna pam dw i'n mynydda. Pan ofynnwyd i Mallory pam roedd o eisiau dringo Everest, atebodd, "Because it's there," ond mae o'n llawer mwy na hynny i mi. Mae'n ffordd wych o grwydro cefn gwlad, a'r byd yn wir, ac yn gyfle i gwrdd â phobl – nid dim ond mynyddwyr eraill, ond trigolion lleol gwahanol wledydd.

Fuoch chi'n teithio dramor ar ôl gadael y fyddin?

Do, ond doedd y frenhines ddim yn talu mwyach, wrth gwrs! Roedd rhaid hel pres a dringo ar fy liwt fy hun. Er enghraifft, mi es i ddringo i Barc Cenedlaethol Yosemite yn California. Mae'r creigiau yno ryw 4,000

GEIRFA

manteisio ar	to take advantage of
ysgyfarnog	hare
di-ofn	fearless
corn (cyrn)	horn(s)
rhuthro	to rush
diogelwch	security
trigolion	inhabitants
mwyach	any more
ar fy liwt fy hun	independently

GEIRFA

bôn	base
rhag i mi syrthio	in case I fell
fynta	he, him
arth (eirth)	bear(s)
troi a throsi	to toss and turn
cwffio	to fight

troedfedd o'r bôn i'r copa ac felly'n cymryd amser hir i'w dringo. Roedd rhaid chwilio am risiau bach i gysgu arnyn nhw a gosod pegiau i'm dal 'nôl, rhag i mi syrthio yn fy nghwsg! Mi gwrddais â Ffrancwr ar y ffordd ac mi ddringon ni i fyny efo'n gilydd. Doedd dim llawer o Ffrangeg gen i, a dim llawer o Saesneg ganddo fo, ond mi wnaethon ni'n iawn. Pan oedden ni'n dechrau cael ofn, roeddwn i'n gweiddi yn Gymraeg a fynta'n gweiddi yn Ffrangeg! Ond roedd hi'n brofiad gwych medru edrych o'r copa i lawr ar y dyffryn ar ôl bod yn dringo am bedwar diwrnod.

Mi ges brofiad digon doniol tra oeddwn yn aros yng ngwersyll Yosemite. Roedden ni wedi cael ein rhybuddio bod eirth o gwmpas yn dwyn bwyd, a'i bod yn well gosod bwyd mewn bag a'i hongian ryw ugain

Crib ogledd-ddwyreiniol Everest, 1986

troedfedd i fyny coeden. Roeddwn i wedi penderfynu teithio'n ysgafn ac wedi dod â hen barasiwt efo mi i gysgu ynddo fel hamoc. Wrth gwrs, roeddwn i'n poeni y byddai'r eirth yn meddwl mai bag bwyd mawr oeddwn i! Ond ddigwyddodd dim, diolch byth. Mi ddaeth ffrind i aros a chysgu ar y llawr o dan yr hamoc. Un nos, roedd o'n troi a throsi ac mi sgrechiais i a dechrau cwffio efo fo – roeddwn i'n meddwl mai arth oedd o!

Mi fuoch chi'n dringo yn Ne America hefyd.
Do, dyna chi – mi glywais fod y BBC'n mynd i Batagonia i wneud rhaglen, a dyma awgrymu 'mod i'n mynd â chriw o hogiau o Gymru i ddringo yno hefyd. Yn ffodus iawn, mi dalodd y BBC am yr awyren. Mi ddringon ni fynyddoedd "Gorsedd y Cwmwl" a Cerro Torecilias ac mi fuon ni'n byw

efo'r Gauchos, y cowbois Cymraeg. Eduardo oedd enw un ohonyn nhw. Roeddwn i'n cerdded ar hyd stryd yng Nghwm Hyfryd ac mi welais i'r cowboi yma'n carlamu ata i fel y cowbois yn y sinema. "Sam wyt ti, ia?" gofynnodd. "Tyrd," medda fo wedyn ac mi dreulion y prynhawn yn sgwrsio mewn *taverna* cyn mynd 'nôl at ei deulu i'r fferm erbyn nos. Roedd hi'n bleser cyfarfod â nhw – roedden nhw'n bobl neilltuol ac yn groesawgar dros ben.

Beth yw uchafbwyntiau eich gyrfa ddringo hyd yn hyn?

Heb os, cael cynnig mynd gyda chriw rhyngwladol i ddringo Chomolungma (Everest) yn 1986. Doeddwn i ddim yn coelio'r peth am ychydig, roeddwn i uwchben fy nigon. Mi ddringon ni ar hyd y grib ogledd-ddwyreiniol o Tibet, yr anoddaf. Wnaethon ni ddim cyrraedd y copa'r tro cyntaf ond yn 1988 llwyddodd dau o'r tîm i ddringo'r grib i gyd. Mi ges i gyfle i ddweud y stori mewn rhaglen o'r enw *Y Grib Olaf* ar HTV. Ond nid dyna'r trip olaf: yn 1991 llwyddodd dau o'r tîm i gyrraedd y copa. Roedd hi'n brofiad bythgofiadwy cael bod yn rhan o'r tîm hwn.

Gawsoch chi unrhyw brofiadau cofiadwy yn yr Himalayas?

Do. Roedd tri ohonon ni – Mo, Joe a fi – mewn pabell fach tua 25,000 o droedfeddi i fyny ar grib noeth. Ar y mynydd cyfagos, roedd storm o fellt a tharanau yn berwi. Ar ôl gweld fflach, roedden ni'n cyfri nes i'r glec ddod, i weld a oedd y storm yn agosáu. "Wel, efallai mai'r nesaf fydd yn ein taro ni," meddwn i, wrth i'r fflach a'r glec ddod yr un pryd. "Wyt ti eisiau dweud rhywbeth, Joe?" gofynnais, gan ddisgwyl iddo ddechrau gweddïo. Ond dim ond chwyrnu mawr glywodd Mo a finnau! Dim ond mynyddwyr profiadol iawn sy'n medru cysgu drwy storm!

Dro arall, roeddwn i'n rhannu ogof wedi ei thyllu yn yr eira gyda Paul ac wedi gwneud mainc i gysgu arni. Roeddwn i'n gwybod nad oedd llawer o wal rhyngddon ni a'r dibyn ar y tu allan. Bob hyn a hyn, roedd Paul yn troi a throsi, ac roedd ofn arna i y buaswn i'n cael fy mhwnio drwy'r wal ac i lawr y dibyn. "Paul," meddwn i, "cei di gysgu'r ochr allan, iawn?" "Popeth yn iawn, 'nghariad i," atebodd, gan roi sws fawr i mi a mynd i gysgu. Roedd wedi fy nghamgymryd am ei wraig!

GEIRFA

awchus	hungry
archebu	to order
llyfiad	a lick
boncan (poncen)	hillock
anhygoel	unbelievable
boda	buzzard
teyrnas	kingdom
arweiniad	guidance
offer	equipment
her	challenge
llethr(au)	slope(s)
clogwyn(i)	cliff(s)

Fyddwn ni byth yn bwyta llawer pan fyddwn ni'n dringo, ond un diwrnod dyma gyrraedd cwt ar y mynydd yn awchus am fwyd, a Mo'n mynd i archebu wy a sglodion. "Dw i'n deall yr iaith yn iawn," meddai fo. Ond daeth y cyfan 'nôl ar blât llai na soser – tatws wedi'u torri'n fân iawn mewn sos coch. Dyna'r wy a sglodion lleiaf i mi eu gweld erioed, a diflannodd y cyfan mewn un llyfiad!

Ers tua pum mlynedd, dych chi wedi cael blas ar hedfan.

Ydw'n wir, dw i wrth fy modd. Dach chi'n cario "cadach" (paraglider) sy'n pwyso ryw ugain pwys ar eich cefn mewn bag, mynd i ben boncan, ei osod allan, ei dynnu i fewn i'r gwynt a'i weld o'n hedfan uwch eich pen fel adain fawr. Dau neu dri cham, a dach chi yn yr awyr yn hedfan fel aderyn. Drwy ddefnyddio'r gwynt a'r awyr sy'n codi efo'r gwres, dach chi'n medru mynd i fyny'n uwch na chopâu'r mynyddoedd – mae'n anhygoel. Er 'mod i'n nerfus wrth godi'n uwch ac uwch a gweld y ddaear yn diflannu, mae'n wych hefyd. Er enghraifft, mae'n bosib codi o gopa'r Wyddfa, dros y Grib Goch ac i lawr i Ben y Pàs, a gweld mannau lle dw i wedi bod yn dringo neu'n cerdded o berspectif newydd. Y llynedd, es yn ôl i'r Alpau a hedfan i lawr y Vallée Blanche mewn tua hanner awr. Roeddwn i wedi dringo yno efo ffrind flynyddoedd ynghynt ac wedi cymryd tri diwrnod i fynd i fyny a deuddydd i ddod yn ôl i lawr.

Mae'r ffordd dw i'n edrych ar yr aer wedi newid. Dw i'n dychmygu sut mae o'n llifo i fyny'r cymoedd a tharo'r cribau, a meddwl sut y gallwn ei ddefnyddio i hedfan. Dw i'n gwylio'r adar hefyd yn fanylach a gweld sut maen nhw'n defnyddio'r thermals er mwyn ceisio hedfan yn well fy hun. Un tro, wrth i mi hedfan, daeth boda mawr a tharo yn erbyn fy adain. Mi ddechreuodd o sgrechian – neu chwerthin, dw i ddim yn siŵr. Ta waeth, roedd gen i barch mawr ato fo ac roeddwn i'n diolch am gael rhannu ei deyrnas am ychydig o amser.

Beth fuasai eich cyngor i rywun sy'n dymuno mynydda neu ddringo?

Mewn clwb mynydda da neu ysgol fynydda fel sydd ym Mhlas y Brenin a Phlas Menai mae'n bosib cael arweiniad gan rywun profiadol. Cewch gyngor gan ganolfan y Wardeniaid ym Mhen y Pàs ynglŷn ag offer a'r tywydd. Er bod y gêr, y rhaffau a'r esgidiau ac ati'n bwysig, mae bod â pharch at y mynydd yn bwysicach na dim. Yn fy ngwaith bob dydd, dw i'n gweld llawer o bartïon mawr yn "gwneud" yr Wyddfa, fel maen nhw'n "gwneud" Llundain drwy ymweld â Thŵr Llundain ac ati. Ond dydy nifer fawr o'r plant ddim eisiau bod yno o gwbl, dydyn nhw ddim yn parchu'r hyn maen nhw'n ei wneud, felly does dim hwyl yn y peth chwaith. Mae dringo mynyddoedd yn her, ond rhaid cael hwyl hefyd wrth fwynhau eu cwmni.

Eryri

Caraf ei chopâu,
  ei chymoedd,
  a'i llynnoedd,
Caraf ei llethrau,
  ei chribau,
  a'i chlogwyni.
Caraf fwyaf oll ei chwmpeini.

Sam Roberts

Ac i ffwrdd â ni... o gopa'r Wyddfa, 1992 (Llun Aled Taylor)

Hwylio 'Mlaen

Cyhoeddwyd eisoes yn y gyfres hon:

Teitlau eraill i'w cyhoeddi'n fuan!
Am restr gyflawn o'n cyhoeddiadau, mynnwch gopi o'n catalog newydd,
lliw-llawn, 48-tudalen: ar gael yn rhad ac am ddim gyda throad y post!